ROBERT ENGELE

Band 2

Damals in GRAZ

Eine Stadt erzählt ihre Geschichte

Impressum

Layout und Umschlaggestaltung: studio bleifrei gmbh, Graz
Druck und Bindung: Gorenjski tisk, Kranj, Slowenien

Anzeigen und Marketing Kleine Zeitung GmbH & Co KG
A-8010 Graz, Schönaugasse 64

ISBN 978-3-902819-23-9

Vorwort

Mit diesem Buch halten Sie bereits den zweiten Band von „Damals in Graz" in Ihren Händen. Seit 2008 erscheint in der *Kleinen Zeitung* Sonntag für Sonntag die Serie „Damals in Graz", verfasst von Dr. Robert Engele, der sich als „Neigungshistoriker" bezeichnet und seit Jahren all dem auf der Spur ist, was Graz ausmacht. Alte und neue Geschichten, die, vor dem Vergessen gerettet und literarisch entstaubt, sehr viel über die Stadt und ihre Bewohner erzählen.

Berührende menschliche Schicksale, technische Meisterleistungen, kulturelle Höhepunkte, Freudenfeste und Katastrophen sind Bestandteile der Geschichte dieser Stadt, die Robert Engele liebevoll und engagiert in seine Bücher über Graz verpackt.

Beim Lesen der Stadt-Geschichten entstehen Bilder, deren Alltagssilhouetten man kennt, doch durch die „Geschichtenbrille" bekommen sie den 3D-Effekt.

Viele solcher 3D-Reisen durch die Geschichte von Graz wünscht Ihnen

Hubert Patterer
Chefredakteur

Inhaltsverzeichnis

„Das Theater brennt!“ 6
Das erste Aeroplan startet vom Thalerhof 10
„Dieser Brunnen muss nach Graz!“ 14
Die „Seherin“ von Waltendorf 19
Der erste Radweg war illegal 22
Mautstellen schotteten die Stadt ab – bis 1938 27
Er war der Vater der neuen Kriminologie – Hans Gross 31
Der Psychiater als Anarchist – Otto Gross 36
Der verhängnisvolle Sturz des Herzogs 40
Wer, bitte sehr, war dieser Herr Brockmann? 45
Das seltsame Reisebüro des Herrn Schleich 51
Pecunia non olet – Geld stinkt nicht, oder doch? 56
Wie der Grazbach unter die Erde kam 59
„Fräulein Doktor“ war die erste Grazer Ärztin 63
Die Bosniaken kommen 66
Durch elf Tore kam man einst ins alte Graz 70
Wie aus einem Friedhof ein Biergarten und ein Varieté wurden 86
Wie es früher einmal war am Rosenhain 90
Hier wurde Nestroy zum Star 95
Die Kaiserhochzeit zu Grätz 100

Die Stadtmauer **104**
Eine Grazer Sängerin wurde Amerikas Liebling **110**
Treffen wir uns bei der Weikhard-Uhr? **114**
Jeder fünfte Einwohner starb an der Pest **118**
Zu Ägydi anno 1568 war das große Schützenfest **122**
Ein kleines Grazer Versailles **126**
Und der Igel zeigte seine Stacheln **130**
Warum es mehrere Zeughäuser gegeben hat **134**
Wie der Waldbauernbub in die Hauptstadt gekommen ist **139**
Auf wilder Tierhatz **146**
Der Sessellift auf den Plabutsch **149**
Kein Segen für diesen Friedhof **154**
Das letzte Kapitel des Holocaust **158**
Quellenverzeichnis **162**
Bildnachweis **164**

„Das Theater brennt!"

Am 24. Dezember 1823 war die Renovierung des Grazer Stadttheaters endlich abgeschlossen und es erstrahlte in neuem Glanz. Um Mitternacht verließen die letzten Arbeiter das Theater – unmittelbar danach brannte es völlig nieder, einzig die Nachbargebäude konnten gerettet werden.

Der Heilige Abend 1823 war eine bitterkalte, sternenklare Winternacht. Über Graz lag feucht der Murnebel, der eisig in die Häuser kroch. Da, um zwei Uhr morgens, flammte roter Feuerschein aus dem dichten Nebel. Die Feuerwache im Uhrturm gab die ersten Alarmschüsse ab und aus den dunklen Gassen schallte bald der Ruf: „Das Theater brennt!"

Schnell war die Rauchfangkehrerinnung zur Stelle, auch die Lohnfuhrwerker erschienen, um Wasser zu transportieren, Militär rückte aus, um zu helfen. Wie ein Lauffeuer verbreitete sich die Nachricht, dass das Stadttheater in Flammen steht. In langen Ketten wurden Wassereimer von den Brunnen weitergereicht, die Fuhrwerke karrten Wasserfässer von der Mur und vom Kroisbach heran. Alles strömte herbei, um das Theater, das in den letzten Tagen vor Weihnachten erst erneuert worden war, zu retten. Doch die Mühe war umsonst – die Flammen hatten schon das ganze Gebäude ergriffen, einzig die Nachbargebäude konnten gerettet werden. Nur die völlige Windstille dieser Nacht vom 24. auf den 25. Dezember verhinderte weiteren Schaden, berichtete Robert Baravalle 1925 in „100 Jahre Grazer Schauspielhaus".

Als der sonnige Morgen des Christtages anbrach, war zwar der Brand gelöscht, vom Theater standen jedoch nur noch rußgeschwärzte Mauerteile. Die Brandursache wurde nie geklärt. Der riesige Schaden hatte jedoch auch seine gute Seite – plötzlich interessierte sich das Grazer Publikum wieder für sein Theater, alle wollten nun am Wiederaufbau mithelfen. Das war neu, denn die letzten zehn, zwölf Jahre vor dem verheerenden Brand waren eine Zeit des künstlerischen Niedergangs gewesen, der die Theaterbesucher vergrault hatte. Dabei hatte alles so schön begonnen: Da das beliebte Theater auf dem Tummelplatz (Ecke Einspinnergasse/Burggasse, wo schon der Schauspieler Johann F. Brockmann seine ersten Schauspielversuche unternommen hatte und dessen letzter Rest das so unrühmlich abge-

Das brennende Theater, links davon das Vizedomhaus, heute befindet sich hier der Freiheitsplatz (Temperagemälde von Johann Madl)

Bereits im Oktober 1825 wurde das neue Ständische Theater fertiggestellt

rissene Kommodhaus war) sehr baufällig und durch seine Holzbauweise auch feuergefährdet war, einigten sich Stadt und Land 1774, im Garten des Vizedomhauses das neue Theater zu errichten. Glücklicherweise hatte die Herrscherin Maria Theresia einige Jahre zuvor mehrere Theateraufführungen in Graz gesehen und anscheinend sehr genossen, denn sie stellte nun den Vizedomgarten (also den Platz des heutigen Schauspielhauses) kostenlos für den Neubau zur Verfügung. Nach nur eineinhalb Jahren Bauzeit konnte bereits am 9. September 1776 das „Grazer Nationaltheater" eröffnet werden. Die gesamten Baukosten hatten 42.000 Gulden betragen und das Ergebnis konnte sich sehen lassen – ein geschmackvolles Gebäude im klassizistischen Stil, für dessen Beleuchtung Wachs- und Talgkerzen sowie Öllampen sorgten. Sechs Öfen erzeugten die durch hölzerne Heizröhren verteilte warme Luft. Die Feuergefahr war von Anfang an sehr groß. Aber die Freude der Grazer war noch größer, da einer der bedeutendsten Theaterleiter der Zeit, ein gewisser Joseph Bellomo, 1791 von Weimar nach Graz kam und vor allem Mozart aufführte. Bellomo war ein Star seiner Epoche.

Der Schauspiel-Prinzipal einer Wanderbühne hatte mit seiner Truppe von 1783 bis 1791 die Winter in Weimar verbracht, wo er Theater spielte – als Vorläufer des Weimarer Hoftheaters, das nach Bellomo Johann Wolfgang von Goethe übernahm. Und nun war er in Graz. 16 Jahre lang florierte das Geschäft prächtig. Doch nach ihm kam die Zeit des Niedergangs der Grazer Bühne. Es wurden nur noch billige Ritterstücke gespielt, und das Gebäude verfiel immer weiter. Da übernahm im März 1823 Johann August Stöger (geborener Althaller) die Theaterführung, stellte wieder auf anspruchsvolle Stücke um, hatte aber keinen leichten Stand, da das Publikum zuvor regelrecht vertrieben worden war. Überdies versuchte er, das Gebäude zeitgemäß instand zu setzen. Und wirklich, am Abend des 24. Dezembers 1823 erstrahlte das Haus wieder in neuem Glanz, auch die alten Bühneneinrichtungen waren erneuert worden. Um Mitternacht verließen die letzten Arbeiter das Theater. Und dann brannte alles ab.

So sah das Gebäude vor dem Brand aus

Aber die Grazer hatten wieder Freude gefunden an ihrer neuen Theaterleitung. Jetzt nach dem Brand griffen, wie gesagt, alle Hände zusammen, um das Gebäude wieder neu aufzubauen. Die letzten ständischen Kanonen wurden an den Vizekönig von Neapel verkauft, die Einnahmen des Kurbades Rohitsch-Sauerbrunn wurden dafür zur Verfügung gestellt und zahlreiche private Spenden gesammelt. Der berühmte Wiener Baumeister Peter von Nobile entwarf mit Stöger und dessen Bruder rasch Pläne für ein neues, für damalige Verhältnisse modernes Theater. Und wirklich, trotz der wirtschaftlich sehr schwierigen Zeit – die napoleonischen Kriege waren erst zehn Jahre zu Ende – war im Oktober 1825 das neue Haus an derselben Stelle fertig. Die ganz große städtebauliche Leistung dabei war, dass bei dieser Gelegenheit auch das Vizedomhaus und verschiedene andere Gebäude abgebrochen wurden – und so der schöne, in sich geschlossene Franzensplatz (heute Freiheitsplatz) entstand.

Im Garten hinter dem Vizedomhaus wurde 1775 das „Grazer Nationaltheater" gebaut

Das erste Aeroplan startet vom Thalerhof

Am 4. Mai 1912 stieg das erste Flugzeug vom Thalerhof aus in die Luft. Eduard Nittner war der Pilot – zwei Jahre vor dem ersten offiziellen Flugzeugstart.

Anfang 1913 ließ die k. u. k. Militärführung überprüfen, ob sich der alte Exerzierplatz Thalerhof der Garnison Graz als Flugplatz eignen würde. Das Ergebnis war positiv, einige Äcker wurden dazugekauft, Hangar wurden errichtet und schon begannen die Arbeiten an einem Grasflugfeld. Am 26. Juni 1914 war es dann so weit, das erste Flugzeug hob vom neuen Flughafen Graz-Thalerhof ab. So jedenfalls berichtet es die offizielle Geschichtsschreibung des Flughafens.

Doch schon zwei Jahre früher hatte die echte Grazer Flugpremiere stattgefunden. Denn der denkwürdige „erste Aeroplananflug nach Graz" durch Oberleutnant Eduard Nittner fand schon am Freitag, dem 3. Mai 1912, statt. Dabei hatte Nittner mit seiner Etrich Taube „Kondor" von Wiener Neustadt kommend in Österreich auch die erste Alpenüberquerung mit einem Flugzeug über den Semmering-Pass geschafft. Eine Pioniertat sondergleichen. Zur Landung in Graz war Nittner der alte Exerzierplatz in Thalerhof empfohlen worden, jedoch zwangen ihn Motorprobleme nach seinem Eineinhalbstundenflug bereits auf dem holprigen Wiesenboden nördlich vom Lazaristenkloster in der Mariengasse zur Notlandung. „Natürlich kolossale Sensation: Ein Aeroplan über Graz! Man wollte nicht recht daran glauben", vermeldete die *Kleine Zeitung* am 4. Mai und interviewte sogleich den Flughelden.

Kleine Zeitung
Der erste Aeroplananflug nach Graz.
Kleine Zeitung
Graz im Zeichen des Luftsports.

Ganz im Zeichen der Sensation des ersten Fliegers in Graz standen die Titelseiten der Kleinen Zeitung am 4. und 5. Mai 1912

„Es ließ sich alles prächtig an, nur die Orientierung war infolge des Dunstes kolossal schwierig, und ‚droben' litt ich an Kälte", erläuterte Nittner.

Zwei Tage später, am Sonntag, berichtete die Zeitung: „Der am Landungsplatz in der Mariengasse übernachtete Apparat wurde Samstag früh mit von der Brauerei Puntigam beigestellten Ochsen am Thalerhof überstellt ... Die Flügel waren abmontiert und wurden von den vier Wiener-Neustädter Mechanikern mit aller Sorgfalt wieder aufgespannt."

Am 4. Mai 1912 fand dann der erste Flugzeugstart vom Exerzierplatz Thalerhof statt – mehr als zwei Jahre vor dem offiziellen Erstflug. Aber diese offizielle Zählung beginnt ja erst mit der Errichtung des Flugplatzes, also hat sie, so gesehen, auch wieder ihre Berechtigung. Die *Kleine Zeitung* beschrieb den Start Nittners folgendermaßen: „Man sah von ferne, wie die Schraube angeworfen wurde, wie sie rasch und rascher mit der zunehmenden Tourenzahl ihre blitzenden Kreise zog. Dann sah man die Haltemannschaften zurücktre-

Auf dem Wiener Neustädter Flugplatz

Eine Etrich Taube, wie sie am 26. Juni 1914 vom neuen Flughafen Graz Thalerhof startete

ten – der Apparat setzte sich in Bewegung. Er lief näher und näher, schon hob sich der Schwanz vom Boden ab, wenige Sekunden später, gleichsam ein Sprung, und der mächtige Vogel war in sein Element emporgeschnellt." Der erste Grazer Schauflug dauerte gut zehn Minuten. „Und so blieb es Oberleutnant Nittner, dem kühnen Überflieger des Semmerings, vorbehalten, dem Grazer Flugfelde seine Weihe zu geben", formulierte die *Kleine Zeitung* pathetisch am 5. Mai 1912.

Der Rückflug nach Wiener Neustadt wurde wegen starker Windböen und Schlechtwetters vorerst auf den 7. Mai verschoben. Um 6.14 Uhr fand dann der Start statt. „Es ist etwas mehr als 150 Schritte, als sich der Apparat langsam erhebt und in immer höher gehenden Kreisen sich über dem Thalerhof in die Luft schraubt." Bald war der Flieger in Richtung Frohnleiten unterwegs. „Solange man noch den Apparat, einem Vogel gleich, als schwarzen Punkt in den Wolken sehen konnte, verfolgten ihn alle Augen mit atemloser Spannung. Als er verschwunden war, hastete alles zu den bereitstehenden Verkehrsmitteln: Automobile, Motor- und gewöhnliche Fahrräder eilten nach Graz zurück." Fritz Kleinoscheg, Hauptmann von Petroczi und Oberleutnant von Riedlinger kamen mit in die Redaktion der *Kleinen Zeitung*, die sich damals noch auf dem Stainzerhofplatz befand, „von wo aus das Kommando des Flugfeldes von Wiener Neustadt angerufen und von der eingeschlagenen Richtung über den

Semmering verständigt wurde. Gleichzeitig hatten wir auch die in der Linie liegenden Orte von dem zu erwartenden Ereignis verständigt." Das war damals wirklich die Zeit der tollkühnen Piloten in ihren fliegenden Kisten. Doch wieder musste Nittner nach Graz umkehren und schildert das folgendermaßen: „Über Frohnleiten befand ich mich in 1000 Meter Höhe. Mit einigen Windungen kam ich auf 1300 Meter, bemerkte aber nun, daß der Motor unregelmäßig werde und nur stoßweise arbeite. Ich ging langsam auf 700 Meter herab und bereitete mich zu einer Gleitfluglandung vor. Ich stand in diesem Momente über einem kleinen Waldtal und hatte die Wahl, entweder dort eine gewaltsame Landung herbeizuführen oder noch weiter ausholend, in die Nähe der Mur zu gelangen, wo ich mich gefaßt machte, mitten im Wasser zu landen, um den mir bekannten, in dieser Gegend befindlichen Leitungsdrähten der elektrischen Hochspannung auszuweichen. Ich befand mich also in der wenig beneidenswerten Wahl, entweder zu ‚ersaufen' oder zu ‚verbrennen'." Aber als er zum Sturzflug ansetzte, „erhielt der Motor wieder plötzlich Zündung" und Nittner flog nach Graz zurück. Er dachte: „Geht der Motor anstandslos weiter, so war das Aussetzen vielleicht eine der zufälligen ‚Mucken', die die Maschinen ja leider noch immer haben." In diesem Fall wollte er nun über die Oststeiermark nach Wiener Neustadt zurückfliegen. Doch als der Motor in Höhe des Schloßbergs wieder aussetzte, entschloss er sich zur Landung. Und weil auf der Wiese der Göstingerau Kinder spielten, musste er dafür „ungünstiges Terrain neben der Mur wählen". Jetzt reichten Nittner, dem „zweiten Überflieger der Alpen", aber die schlechten Wetterverhältnisse und er nahm zur Rückfahrt den Mittagszug nach Wiener Neustadt.

PS: Am 17. Februar 1913 kam Eduard Nittner bei einem Flugzeugabsturz in Fischamend ums Leben. Seit 1967 führt der vom österreichischen Bundesheer genutzte Teil des Flughafens Graz-Thalerhof die Bezeichnung Fliegerhorst Nittner.

„Dieser Brunnen muss nach Graz!"

Halb Europa wollte 1873 den französischen Brunnen der Wiener Weltausstellung kaufen – aber die Grazer hatten die Nase vorne, verhandelten schnell und brachten das gute Stück in die Steiermark. Heute steht er als Prunkstück im Stadtpark.

Als vom 1. Mai bis zum 2. November 1873 in Wien die Weltausstellung stattfand, war es die fünfte ihrer Art und überhaupt die erste im deutschen Sprachraum. Sie sollte das langsam wieder zurückgekehrte Selbstbewusstsein Österreich-Ungarns nach zwei kurz zuvor verlorenen Kriegen repräsentieren. Denn die ersten zwanzig Regierungsjahre des 1848 an die Macht gekommenen jungen Kaisers Franz Joseph I. waren zum Desaster geworden: Im Krimkrieg hatte Österreich die Freundschaft Russlands verspielt, den Krieg gegen Piemont und Frankreich (1859) hatte man verloren, die Schlacht von Solferino endete in einem Fiasko – und Österreichs reichste Provinz, die Lombardei, ging verloren. 1866 war dann der Krieg um die deutsche Vorherrschaft gegen Preußen verloren worden, in der Schlacht bei Königgrätz wurde die österreichische Armee gedemütigt.

Die Habsburgermonarchie stand vor einem Scherbenhaufen, alles musste sich ändern. 1866/67 zog sich der Habsburgerstaat aus Italien und aus Deutschland zurück, es kam zum Ausgleich mit Ungarn, das ganze Land wurde in eine Doppelmonarchie umgewandelt. Und das Wunder geschah wirklich – der Staat erlebte einen glanzvollen wirtschaftlichen und kulturellen Aufholprozess, der als die Gründerjahre zwischen 1867 und 1873 in die Geschichte eingehen sollte. Wien wurde zu einer riesigen Baustelle, in dieser Zeit wurden die Prunkbauten der Ringstraße errichtet, Rathaus, Burgtheater, Parlament, Universität usw., das Straßen- und Eisenbahnnetz wurde ausgebaut, neue Brücken errichtet, die Donau reguliert, der Nordbahnhof sowie die 1. Wiener Hochquellenwasserleitung gebaut. Mit einem Schlag zog Wien mit Paris gleich und katapultierte sich als moderne Großstadt an die europäische Spitze.

Haupteingang des Weltausstellungsgeländes in Wien (1873) mit der „Rotunde" im Hintergrund

Es war die kurze Blütezeit des politischen Liberalismus, dessen symbolisches Ende mit dem Wiener Börsenkrach vom 9. Mai 1873, dem „Schwarzen Freitag", schnell kam – mitten in der Weltausstellung, auf die man doch so stolz war. Und auf die man so lange hingearbeitet hatte. Etwa 53.000 Unternehmer beteiligten sich daran, allein 9000 davon aus Österreich-Ungarn, 8000 kamen aus dem Deutschen Reich und immerhin knapp 5000 aus Frankreich, das sich ursprünglich geziert hatte, überhaupt daran teilzunehmen. Schließlich hatte die „Grande Nation" erst 1870/71 den Krieg gegen das Deutsche Reich verloren. Jetzt aber bei der Weltausstellung in Wien trumpfte gerade Frankreich mit einem wahren Prachtstück von Brunnen auf, der überall große Bewunderung hervorrief. Nach einem Entwurf von Jean Jules Klagmann war er von Antoine Durénne in Paris gegossen und schließlich in Wien präsentiert worden.

Der Brunnen gefiel den Wienern außergewöhnlich gut, doch die dafür verlangten 42.000 Gulden waren den Stadträten doch zu viel. Aber auch ein Grazer hatte die Weltausstellung besucht und in seiner Heimatstadt begeistert einen Leserbrief geschrieben, in dem er vehement für den Kauf des Brunnes eintrat. Am folgenden Tag sprach eine Abordnung von Bürgern beim Grazer Bürgermeister vor und zwei Tage später begannen schon die Kaufverhandlungen. So schnell handelte man damals – manchmal wenigstens. Trotz zahlreicher Unkenrufe und Bedenken wegen der hohen

Kauf- und Transportkosten lag innerhalb von 14 Tagen der gewünschte Kaufpreis auf dem Tisch des Bürgermeisters. 15.000 Gulden hatten die Grazer Bürger gespendet, den Rest steuerte die Gemeinde bei. „Wir müssen den Brunnen haben – der Brunnen muss nach Graz!" hatte es in einem Flugblatt geheißen, mit dem um Spenden geworben wurde.

Gut, dass der Kaufvertrag sofort unterschrieben worden war, denn nun wäre es knapp geworden. Plötzlich wollte nämlich halb Europa den Brunnen besitzen. Budapest, Paris, Prag, Barcelona und natürlich auch Wien wollten um den Brunnen rittern. Aber es war zu spät. Graz hatte das Rennen bereits gemacht. Am 19. August 1874 kam das Prachtstück in die steirische Landeshauptstadt. Aber nicht ganz. Nur der gewaltige Mittelteil kam stückerlweise über den Semmering, denn er musste auf fünf Eisenbahnwaggons aufgeteilt werden. Die beiden Seitenteile gingen nach Paris und wurden dort auf dem Place de la Concorde aufgestellt.

Der Mittelteil sollte ursprünglich auf dem Grazer Hauptplatz aufgebaut werden – war aber für diesen Zweck viel zu groß und landete schließlich im Stadtpark. Am 4. Oktober, dem Namenstag des Kaisers, wurde das Kunstwerk als Franz-Joseph-Brunnen in Betrieb genommen und war bald schon das viel bestaunte Prunkstück des jungen Parks, der ja erst 1872 fertiggestellt worden war.

Jahrhundertelang war hier auf dem Gelände rund um die Altstadt nämlich das Glacis gewesen, das freie Schussfeld vor der alten Stadtmauer. Als im Jahr 1782 Kaiser Joseph II. aber die Auflassung der Festungswerke anordnete, ging dieser Teil des heutigen Stadtparks an das Militär, um dort exerzieren zu können. Es war eine öde Weide, auf der kein Baum wuchs, kein Strauch und keine Blume. Ja, noch schlimmer, immer wenn ein Windstoß über die Stätte fegte, wurden Unmengen an Staub und Sand in die Stadt getragen und erregten dort großen Ärger. Das störte auch den damaligen Bürgermeister Moritz Ritter von Franck sehr, war er doch sozusagen beständig Augenzeuge des ganzen Spektakels. Denn Franck wohnte im Palais Kees, dem späteren Korpskommando am Glacis, das heute ein Studentenwohnheim ist. Böse Zungen behaupten allerdings, dass sich der Herr Bürgermeister eher durch die lauten Kommandorufe auf dem öden Exerzierplatz in seiner wohlverdienten Mittagsruhe gestört fühlte. Auf jeden Fall hatte Franck die glänzende Idee, auf diesen ansonsten nutzlosen Gründen einen schönen Park errichten zu lassen. Am 8. Mai 1868 wurde sein Antrag im Gemeinderat einstimmig angenommen. Die Stadt kaufte die Gründe, und das Militär bekam als Ersatz dafür den Feliferhof auf dem Steinberg zugesprochen. Hunderte Bäume und Sträucher wurden gepflanzt und zahllose Blumenbeete

Der Stadtparkbrunnen als Ansichtskartenentwurf von Paul Scholz

angelegt. 1872 war der Stadtpark fertig – es fehlte nur noch das zentrale Prunkstück ...

Der Schah auf der Wiener Weltausstellung

Die wohl größte Publikumsattraktion auf der Wiener Weltausstellung war der Besuch von Naser al-Din, Schah von Persien. 40.000 neugierige Besucher mussten allein an diesem Tag eingelassen werden. Der Schah traf am 30. Juli 1873 mit einem Gefolge von etwa 60 Personen in einem „Separathofzug" am Penzinger Bahnhof ein, wo er feierlich empfangen wurde. Danach brachte man ihn ins Schloss Laxenburg, wo er während seines Wiener Aufenthalts residierte. Nach seiner Abreise hinterließ er aber lauter offene Rechnungen in Wiener Geschäften, vor allem bei Juwelieren, weil Perser nach altem Landesbrauch niemals in Gastländern bezahlten, um ja nicht die Gastfreundschaft zu verletzen. Dazu waren die Schäden in dem vom Schah und seinem großen Gefolge bewohnten Schloss Laxenburg derart groß, dass dieses völlig renoviert werden musste.

Die „Seherin" von Waltendorf

Maria Silbert aus der Schörgelgasse war in den 1920er-Jahren die berühmte „Seherin von Waltendorf". Von ihr und ihrem Hausgeist Nell erzählte man sich die tollsten Dinge, viele verehrten sie, andere hielten sie aber für eine Schwindlerin.

Gegenstände wurden von unsichtbarer Hand bewegt, elektrische Blitze zuckten durch den Sitzungsraum, aus Möbeln kamen Klopfzeichen und der schwere Tisch hob sich in die Höhe. Mehrere Teilnehmer der Séancen spürten – oft gleichzeitig – Berührungen an Knie und Unterschenkel. Auf Taschenuhren entstanden seltsame Gravuren, zumeist stand der Name „Nell" mikroskopisch klein da – auf dem Innendeckel der geschlossenen Uhr. Wunder über Wunder. Oder doch nicht?

Foto der Maria Silbert aus ihrer großen Waltendorfer Zeit

Mit ihrem Hausgeist „Nell", der durch rhythmische Klopfzeichen über das Klopfalphabet auf Fragen Antworten gab, soll sie vielen Menschen geholfen bzw. sie vor einem Unglück bewahrt haben. Sagen die einen. Die anderen standen ihrem Tun sehr skeptisch gegenüber und sammelten Beweise für ihre Scharlatanerie.

Wer war dieses sagenumwobene Medium aber wirklich? Maria Silbert wurde am 24. Dezember 1866 als Tochter der sehr katholischen Lehrerfamilie Koralt in Friesach (Kärnten) geboren. Schon ihre Großmutter stand im Ruf einer Hellseherin und Gesundbeterin und war in der eigenen Familie als „unheimlich" verschrien.

Im Alter von fünf Jahren begann auch Maria Elfen und Zwerge zu „sehen", dann wieder sah sie als Einzige eine Hand an ihrem Bett, aber ihr Vater hörte das nicht gerne und tadelte sie wegen ihres Schwindelns. Als Maria zehn Jahre alt war, wurde ihr Vater als Lehrer nach Ranten bei Murau, dann nach Brettstein in die Obersteiermark versetzt. Nach der Pflichtschule besuchte sie die Lehrerbildungsanstalt in Klagenfurt. Ihre erste Anstellung erhielt sie in Krakaudorf, wo sie den Finanzbeamten Gustav Silbert kennen- und lieben lernte. Bald schon heirateten sie und zogen nach mehreren Stationen durch die vielen Versetzungen ihres Mannes 1916 nach Waltendorf bei Graz, wo sie in der Schörgelgasse 74 wohnten. Erst ab 1938 wurde Waltendorf bekanntlich mit 12 anderen Dörfern in Groß-Graz eingemeindet.

Die sehr gläubige Maria Silbert brachte zehn Kinder auf die Welt, wurde aber von vielen Schicksalsschlägen schwer getroffen. Ein Sohn starb, einer fiel im Ersten Weltkrieg und dann starb ihr Mann. Jetzt, in den letzten Monaten des Krieges, begann sie mit ihren ersten abendlichen Sitzungen in ihrer Wohnung, den in Graz einst so berühmten Séancen der „Madame Silbert". Schnell verbreitete sich ihr Ruf als Medium, und von nah und fern strömten Menschen zu ihr, um sich beraten zu lassen oder mit Verstorbenen in Kontakt zu treten. „In vielen bekannten und angesehenen Grazer Familien bildeten sich regelrechte Zirkel, die von Zeit zu Zeit Frau Silbert zu Sitzungen in ihr Haus baten und auch gerne dafür bezahlten", berichtete Heinz Felsbach in der „Neuen Zeit".

So soll sich Silberts Hausgeist „Nell" selbst dargestellt haben

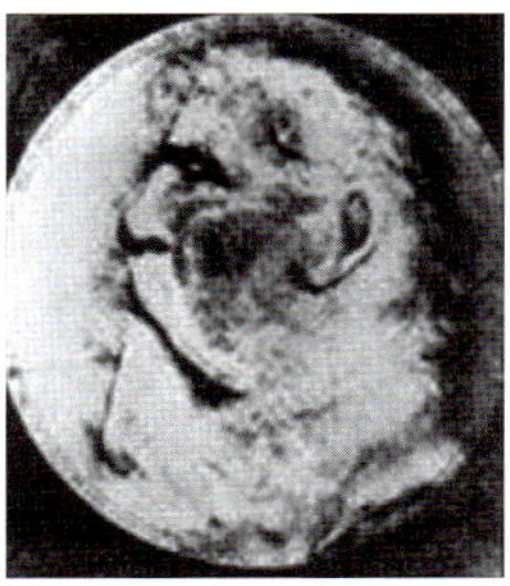

1922 wurde während einer Sitzung nach Anfrage eines Teilnehmers sogar das Gesicht des Hausgeistes „Nell" mit Spitzbart und Schnurrbart in weichem Ton abgedrückt. Der damalige Professor für Experimentalphysik an der Grazer Universität, Hans Benndorf, setzte sich an die Spitze der Silbert-Kritiker und gab 1924 eine Denkschrift heraus, die sich „Die geheimnisvollen Kräfte der Frau Maria Silbert" nannte und sechs Protokolle von Steirern enthält, die an Séancen teilgenommen haben. Das Büchlein sorgte in Graz für heftige Diskussionen. Die Teilnehmer berichteten vor allem über die „Materialisationen mit Berührungen": „Und richtig sah auch ich bald die Erscheinung. Ganz automatisch, ohne es eigentlich gewollt zu haben, bückte ich mich rasch, griff zu – und siehe da, zu meiner größten eigenen Überraschung hatte ich den mit einem weißen Strumpf bekleideten linken Fuß der Frau Silbert in einer Hand, und unter ihrem weiten Rock, den ich gleichzeitig aufgehoben hatte, stand der leere Halbschuh", gab ein Direktor Wahrlich dort zu Protokoll.

Typische spiritistische Sitzung um 1920

Als die zeitlebens kränkliche Maria Silbert nun in den Medien gnadenlos als Betrügerin hingestellt wurde, verwünschte sie ihre mediale Begabung, zog sich aus der Öffentlichkeit zurück und starb 1936. Langsam vergaß man in Graz die geheimnisvollen Ereignisse um sie.

In den ersten Monaten nach Ende des Zweiten Weltkriegs verrichtete der Mechaniker Karl Wirth Entrümpelungsarbeiten in der Schörgelgasse, darunter auch im Haus der Frau Silbert. Dabei fiel ihm im Keller ein Tisch in die Hände, der es in sich hatte: „Der Tisch sah sehr massiv aus. In den Tischbeinen entdeckten wir jedoch eingebaute Federn, die – durch einen Knopfdruck an der Unterseite der Tischplatte ausgelöst – den Tisch springen und tanzen ließen. Wir fanden auch eine installierte Glocke, die ebenfalls auf Knopfdruck reagierte", berichtete er. Ob dieser Bericht in der „Neuen Zeit" oder doch eher die Erscheinungen der Frau Silbert stimmen, lässt sich heute nicht mehr feststellen.

Der erste Radweg war illegal

Grün-alternative Aktivisten pinselten 1980 den ersten modernen Radweg illegal auf einen Gehsteig im Stadtpark – und wurden prompt angezeigt. So alternativ begann der Aufstieg von Graz zur Radstadt.

„Was heißt illegale Aktion?", erregt sich Peter Hagenauer, Aktivist und Grünpolitiker der ersten Stunde. „Das war der Durchbruch für die Grazer Radwege. Aber Ehre, wem Ehre gebührt, und das ist in diesem Fall Günther Tischler."

Besagter Günther Tischler, Raumplaner, Radfahrer aus Leidenschaft, Politaktivist und schließlich Gemeinderat der ALG (Alternative Liste Graz), hatte Ende der 70er-Jahre im umtriebigen Berlin gelebt und politische Erfahrung gesammelt. „Dort habe ich gesehen, dass man mit Bürgerinitiativen in einer Stadt sehr viel erreichen kann", erinnert er sich. „Und so versuchten wir uns im Arbeitskreis ‚Energie & Verkehr' in die aktuellen Verkehrsprojekte der Grazer Stadtplanung einzumischen." Dieser Arbeitskreis war von Peter Pritz, dem engagierten Leiter des Afro-Asiatischen Instituts und Mitbegründer der Alternativen Liste Graz, ins Leben gerufen worden. Mit dabei „ein bunter Haufen von Raum- und Verkehrsplanern, Studenten, Angestellten und Stadtflaneuren", so Tischler. Darunter August Gogg, Franz Holzer, Norbert Kotzurek, Peter Hagenauer, Gottfried Weißmann, das Studentenehepaar Kolbes – und Günther Tischler selbst. Damals wurden Lösungen für eine autogerechte Stadt heiß diskutiert, vom Innenstadtring bis zur Unterflurtrasse Ostgürtel. „Dazu kam unsere Idee vom Fahrrad als alltagstaug-

VP-Planungsstadtrat Erich Edegger

Die illegalen Sponti-Pinsler treffen sich zum 10-Jahr-Jubiläum am „Tatort": Günther Tischler (li.), Peter Hagenauer (re.)

lichem Verkehrsmittel, mit dem man zeigen könnte, dass man auch eine andere, menschliche Verkehrspolitik gestalten kann. Aber das war damals noch nicht in den Köpfen der Politiker drin." Mit einer Ausnahme – Planungsstadtrat Erich Edegger (ÖVP), der selbst leidenschaftlicher Radfahrer war und täglich mit dem Fahrrad ins Büro fuhr. Aber der bunte Haufen hatte Lunte gerochen. Für sie alle war das Fahrrad die Metapher für eine andere Verkehrspolitik. „Es hätte ja auch ein Tretroller sein können", schmunzelt Tischler rückblickend. „Dass das Fahrrad aber so gut als ‚Kommunikationsmittel' ankommen würde, hat uns selber sehr überrascht."

Am 9. Juni 1979 wurde eine große Fahrrad-Demo organisiert – als Radsternfahrt zum Hauptplatz, zum „Radhaus". Die Herrengasse war voller Radfahrer. Peter Pritz hängte sein Rad vom Balkon, ein großes Fest im Stadtpark folgte. Aber auch Stadtrat Edegger war fleißig, erinnert sich Tischler. Kurz darauf hatte er mit Verkehrsplaner Gerd Sammer den Entwurf eines Radwegekonzeptes fertig. „Das waren super Pläne", weiß Tischler. Doch sie wurden nicht umgesetzt. Im Juni 1980 bestand Edeggers Radwegekonzept

Der illegale Radweg

immer noch nur auf dem Papier. Der VP-Politiker konnte sich gegen seine eigenen Parteifreunde aus der Wirtschaft sowie autofahrende Experten nicht durchsetzen. Jetzt lud der „bunte Haufen" wieder zu einer Fahrrad-Demo – und dachte sich: „Wenn ihr das nicht zusammenbringt, dann machen wir das", so Tischler heute. „Quasi als Best-Practice-Beispiel für unbürokratischen Radwegebau wurde in einer Nacht- und Nebelaktion im Stadtpark eine Radwegverbindung (auf einen Gehsteig) aufgepinselt und tags darauf während der Fahrradsternfahrt feierlich eröffnet", schreibt er auf der Website von Argus Steiermark. Der Rest ist Grazer Radgeschichte: Anzeigen wegen Sachbeschädigung und Amtsanmaßung, eine Vorladung in die Polizeidirektion war auch dabei. Doch Edegger vermittelte nun. „Der schlaue Fuchs bot uns einen Deal an", erzählt Tischler. „Die Stadt zieht die Anzeigen zurück, wenn wir dem Straßen- und Brückenbauamt die aus Waschmaschinenkartons gebastelten Markierungsschablonen überlassen." Aber Erich Edegger war ein gewiefter Vollblutpolitiker. Um seine Ideen von einer Radstadt Graz in seiner eigenen Partei durchsetzen zu können, brauchte er den Druck von der Straße, brauchte er den „bunten Haufen". Sein politischer „Geniestreich", wie Tischler es bezeichnet: „Er band uns in die ‚Arbeitsgruppe Radwege', bestehend aus Vertretern der Straßenbauabteilung, Polizei, Wirtschaftskammer und dem Planungsbüro Sammer, mit ein. Wir sind uns dabei sehr wichtig vorgekommen, waren schwer beschäftigt – und quasi ‚ruhiggestellt'." Edegger misstraute aber seinen eigenen Planern bzw. dem Straßenbauamt, die unter dem Motto „Dös hamma no nie so g'macht, dös geht net" agierten, berichtet Tischler. Bei strittigen Bauprojekten soll der Stadtrat manchmal sogar in der Nacht nachmessen gegangen sein. Als sich Tischler und Edegger auch auf einem großen Fahrradkongress in Bremen trafen, entstand aus der Kampfgemeinschaft eine persönliche Freundschaft. 1981 beschloss der Gemeinderat endlich das Radwegekonzept. Als Tischler bald darauf als Gemeinderat der ALG ins Stadtparlament einzog, wurde das Verhältnis zu Edegger wieder ernster und professioneller, erinnert er sich. Aber sie brauchten sich weiterhin gegenseitig, um ihre gemeinsamen Ziele erreichen zu können. Insiderinformationen wurden ausgetauscht, gemeinsame Strategien besprochen. Immer wieder ist Edegger gekommen: „Bitte machts wieder was, ich brauch eure Unterstützung, sonst fahrt der Wirtschaftsbund wieder über uns drüber."

Und wirklich ist es dem Team Edegger/Sammer gelungen, die Verkehrspolitik in Graz beispielgebend für ganz Österreich auf eine völlig neue Basis zu stellen. Aus der „autogerechten Stadt" wurde eine „menschengerechte Stadt", in der die sanfte Mobilität im Vordergrund steht: Einbahnsystem, Ausbau des öffentlichen Verkehrs und des Radwegenetzes, Radwege zum Teil auch gegen die Einbahn und in der FUZO (um die durch das Einbahnsystem entstandenen Umwege für Radfahrer wieder zu verkürzen) sowie flächendeckend Tempo 30.

Am 9. Juni 1980 war der illegale Radweg in der Wilhelm-Fischer-Allee (Stadtpark) gepinselt worden, im Herbst 1980 ging er auch offiziell in Betrieb. Zeitgleich entstand der erste Abschnitt des Andritzer Radwegs, 1981 folgten der Ring- und Kai-Radweg, die Öffnung der Achse Hans-Sachs-Gasse/Stubenberggasse sowie die erste Einbahn in der Zinzendorfgasse, berichtet Radlobbyist Wolfgang Wehap in „Argus": „Gerade bei der Öffnung der Einbahnen hatte sich Edegger weit auf rechtlich nicht wirklich gesichertes Terrain vorgewagt." Mit seinen unechten Einbahnen, die für Radfahrer geöffnet waren, „umging er die bestehende StVO-Regelung, die erst 1983 entsprechend novelliert werden sollte".

„Erich Edegger war authentisch und hat was umgesetzt", sagt Günther Tischler. Doch er konnte sein Werk nicht vollenden. Am 28. Oktober 1992 starb Erich Edegger überraschend mit 52 Jahren an einer Hirnblutung.

Mautstellen schotteten die Stadt ab – bis 1938

Unglaublich, aber bis ins 20. Jahrhundert gab es in Graz eine völlig überalterte Binnenmaut. Wollte jemand Lebensmittel in die Stadt bringen, wurde er von den „Spinatwachtern" (wie die städtischen Finanzwach-Aushilfe-Aufseher genannt wurden) an den Mautstellen zur Kasse gebeten.

Bis zum Jahr 1938 bestand Graz nur aus sechs Bezirken – Innere Stadt, St. Leonhard, Geidorf, Jakomini, Gries und Lend. An den Ausfallstraßen befanden sich Mauthäuser, in denen Beamte eine Maut einhoben. Sie trugen den stolzen Titel der „provisorischen, städtischen Finanzwach-Aushilfe-Aufseher".

Für die Benützung der Straße mussten die Lenker von Fahrzeugen Straßenmaut zahlen. Wollten Bauern aus dem Umland Lebensmittel wie frisches Gemüse und Obst, Geselchtes oder Eier nach Graz „importieren", wurde eine Verbrauchssteuer eingehoben. Auch Grazer, die einen Ausflug gemacht hatten und vollbepackt mit Lebensmitteln zurückkamen, wurden zur Kasse gebeten.

Jedermann, der die Grazer Grenze überschritt – egal, ob zu Fuß, mit der Straßenbahn, dem Fuhrwerk, Auto oder Fahrrad –, wurde einer Kontrolle durch die „Spinatwachter", wie die Beamten wegen ihrer grünen Uniformen volkstümlich bezeichnet wurden, unterzogen. 24 Mautstellen oder

Auch der jetzt seit langer Zeit geschlossene Schanzlwirt war bis 1740 ein Mauthaus

Linienämter gab es damals an der Grenze der Landeshauptstadt.

Bezeichnungen wie „Puntigamer Maut", „Andritzer Maut" oder „Leonhard-Maut" haben im allgemeinen Sprachgebrauch lange Zeit überlebt, heute erinnert nur noch die Mautgasse (Grabenstraße/Lindengasse) offiziell an die alte Andritzer Zollstelle.

Die „Spinatwachter" oder „B'stellten" waren als Kontrollore bei der Bevölkerung äußerst unbeliebt. Denn kein Hendl oder Schweinsbraten entging ihrem scharfen Blick. Alle Taschen und Rucksäcke mussten geöffnet werden, ja sogar Heuwagen wurden mit spitzen Mistgabeln durchsucht, damit ja keine Schmuggelware nach Graz gelangen konnte, wird berichtet. Und die Liste der Waren, die unter die Verzehrsteuer fielen, war sehr lang. Nicht nur die täglichen Lebensmittel standen darauf, sondern auch Dörrobst, Seife, Brennholz, Met und Essig. Nicht einmal Haarpuder und Hundekuchen durften unversteuert in die Stadt. Dazu kam die „Pflastermaut", die eingehoben wurde. Nur Fußgänger waren davon befreit, alle anderen wurden zur Kasse gebeten.

Für einen Einspännerwagen zahlte man 10 Groschen Maut, für einen Zweispänner 20 Groschen. Fuhrleute kamen günstiger davon, wenn ihre Wagen breite Räder hatten – weil sie das Pflaster schonten. Motorradfahrer wurden um 10 Groschen erleichtert und Autofahrer nach der Zahl der Sitze im Wagen besteuert.

Was aber erhielten die Finanz-Aushilfe-Aufseher selbst bezahlt? Sie bekamen ein monatliches Salär von 162 Schilling – immerhin 30 mehr als ein Feuerwehrmann.

Damit aber auch die Bahnreisenden der kommunalen Abgabe nicht entgingen, waren beim Südbahnhof (heute Hauptbahnhof) und im Ostbahnhof Linienämter eingerichtet. Weil beim Hilmteich die „rote Tram" die Steuer- und Finanzgrenze der Stadt zur Gemeinde Fölling überrollte, gab es auch hier ein Linienamt. Und wer glaubte, sich schwer bepackt über Seitenstraßen oder Feldwege in die Stadt einschleichen zu können, konnte sehr leicht einer „ambulanten Mautkommission" in die Arme laufen.

Später entstand am Riesplatz ein neues Mauthaus

Mauthaus Ecke Plüddemanngasse/Ruckerlberggasse (noch mit Eckschalter)

Der Anachronismus eines derartigen Binnenzollsystems hatte aber eine sehr lange Tradition. Bereits 1265 wird die Grazer Maut im Urbar König Ottokars von Böhmen erwähnt, der damals über die Steiermark herrschte. 1361 erhielt Graz von Rudolf IV. von Habsburg einen ausgedehnten Stadtgerichtsbezirk verliehen. Der war Goldes wert, denn er schloss die Verkehrswege am Ost- und Westrand des Grazer Beckens ein und machte damit ein Umgehen der Stadt äußerst schwierig. Nun konnte Graz auch für die Benützung der alten Römerstraße, im Mittelalter Hoch- oder Mitterstraße genannt (heute Alte Poststraße), kassieren. Auch eine Brückenmaut war üblich. Und die Wassermautstelle bei der Schießstätte im Griesviertel kontrollierte die Schiffe, Flöße und Platten auf der Mur.

Mit jeder Stadterweiterung wurden die Mautstellen weiter nach außen verschoben. Befanden sie sich im Mittelalter noch beim Eisernen Tor und den anderen Stadttoren, waren sie im 18. Jahrhundert bereits auf dem Leonhardplatz, in der Heinrichstraße, bei der Weinzettelbrücke und der Papiermühle. Erst durch die Errichtung von „Groß-Graz" im Zuge des „Anschlusses" an Nazideutschland im Jahr 1938 kam es zum lang ersehnten Ende der lästigen und ineffizienten Binnenmaut.

Er war der Vater der neuen Kriminologie – Hans Gross

Der Jurist Hans Gross entwickelte 1893 völlig neue Untersuchungsmethoden der Verbrechensaufklärung, die ihn weltberühmt machten – ihm aber in seiner Heimatstadt wenig weiterhalfen.

Wenn man durch die Radetzkystraße geht und bei der Konditorei Deutsch in die Keesgasse abbiegt, hängt an der Wand des Eckhauses eine Erinnerungstafel an Hans Gross. Hier in der Nr. 6 am Kleinen Glacis, wie die Straße einst hieß, wurde am 26. Dezember 1847 Johann Baptist Gustav Gross geboren. Er studierte in Graz Rechtswissenschaften mit „eher unterdurchschnittlichem Erfolg".

Hans Gross wird wiederentdeckt

1876 heiratete er Adele Raymann, 1877 wurde Sohn Otto geboren, der später Psychiater und der größte Widersacher seines Vaters wurde. Als Untersuchungsrichter missbilligte Hans Gross die Methoden der Verbrechensaufklärung, die sich viel zu sehr auf Zeugenaussagen stützten. Er hingegen trat für die materielle Beweissicherung und Spurensuche am Tatort ein – ähnlich wie der Romanheld Sherlock Holmes. Denn ein Zeuge kann sich irren, täuschen oder etwas übersehen, meinte Gross. Deshalb könne von einer unbeeinflussten Zeugenaussage nur selten gesprochen werden, schildert Christian Bachhiesl bei der Führung durchs Hans-Gross-Kriminalmuseum in den Kellern der Universität Graz.

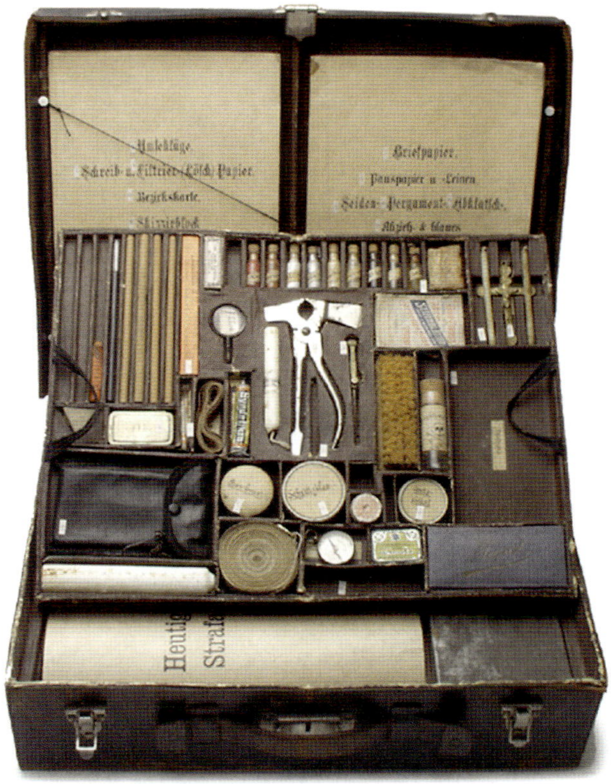

Der „Tatortkoffer“ von Hans Gross enthielt alles, was einst zur professionellen Untersuchung benötigt wurde

Aufgrund seiner langen Erfahrung war Hans Gross überzeugt, dass ein Untersuchungsrichter für seine Tätigkeit mehr brauche, als er auf der Universität lernt. Daher veröffentlichte er 1893 das „Handbuch für Untersuchungsrichter“ und präsentierte darin einen „Tatortkoffer“, der alles enthielt, was zur zeitgemäßen Untersuchung benötigt wurde: Schreibmaterial, Lupe, Messgeräte, Schrittzähler, Pinzette, Kompass, sogar Kreuz und Kerzen – um Zeugen sofort ihre Aussage beschwören zu lassen. Aber auch Zuckerln, um scheue Kinder zur Zusammenarbeit zu bewegen. Das Handbuch stellte eine kriminalistische Revolution dar und wurde in fast alle Kultursprachen übersetzt. 1898 gab Gross seine „Kriminalpsychologie“ heraus, in der er sich mit der

Erforschung der Täterpersönlichkeit befasste. Profiling anno dazumal sozusagen.

Seine bahnbrechenden Methoden der Verbrechensaufklärung wurden auf der ganzen Welt übernommen, sogar das FBI arbeitete danach. In Graz jedoch machte sich Gross viele Feinde mit seiner Kritik an der zu theoretischen Ausbildung der Juristen. Obwohl seine Argumente überzeugend waren: „Was würde man sagen, wenn man einen Arzt heranbildet und auf die Menschheit loslassen würde, ohne ihm einen Kranken, das Innere eines Menschen gezeigt zu haben". Rache war ihm sicher. Als Gross 1893 mit seinem „Handbuch für Untersuchungsrichter" eine Habilitation an

Zur richtigen Spurensicherung gehörte auch ein Foto des Opfers, exakt so, wie es gefunden wurde

der Juristischen Fakultät der Grazer Uni anstrebte, wurde er abgelehnt.

In Graz abgeblitzt, wurde Gross 1898 an die Universität Czernowitz (heute Ukraine) berufen. Vier Jahre später wurde er als Professor an die deutsche Universität in Prag geholt, wo auch Franz Kafka als Jusstudent seine Vorlesungen besuchte.

Schließlich kam aber doch die große Genugtuung: 1905 wurde Gross als Ordinarius für Strafrecht an die Universität seiner Heimatstadt berufen. Und sieben Jahre später ging sein großer Traum in Erfüllung – 1912 wurde das „k. k. Kriminalistische Institut" als weltweit erstes Institut dieser Art in Graz eröffnet.

Jetzt wurde auch das von Gross installierte Kriminalmuseum als Lehrmittelsammlung für angehende Juristen dem Institut angegliedert. Die Lehre von Hans Gross wurde als die „Grazer kriminologische Schule" weltbekannt. Aber sein Institut war stiefmütterlich im Keller des Uni-Hauptgebäudes untergebracht. Der Zustand der Räume war deso-

Am Kleinen Glacis Nr. 6, heute am Eck Radetzkystraße/ Keesgasse, wurde der große Kriminologe geboren

lat, die Temperaturen stiegen auch im Sommer nie über zehn Grad. Gross musste den Betrieb in seiner Privatwohnung weiterführen. Doch als Folge der Kälte starb Gross am 9. Dezember 1915 überraschend an einer Lungenentzündung. Seine Sammlung verstaubte langsam im Universitätskeller, Hans Gross geriet bei uns in Vergessenheit und sein bahnbrechendes Werk wurde von der modernen Technik überholt. Bis 1992 eine chinesische Delegation die Grazer Universität besuchte, berichtet der damalige Dekan Gernot Kocher. Die erste Frage des Delegationsleiters galt – Hans Gross. Damit wurde eine kleine Renaissance eingeleitet. 2003 wurde das kleine, aber feine „Hans Gross Kriminalmuseum" traditionsgemäß im Keller der Universität eingerichtet, voller Geschichten, Tatwaffen, Schädeldecken von Opfern, Einbruchswerkzeugen und anderen Corpora Delicti der Vergangenheit.

Der Psychiater als Anarchist – Otto Gross

Der Sohn von Hans Gross verkörperte um 1900 den Kampf gegen die autoritären Väter: Er war Wissenschaftler und Anarchist, Arzt und Verbrecher, rauschgiftsüchtig und Erfinder der „sexuellen Revolution".

Das Plakat zur Grazer Otto-Gross-Tagung im Kulturhauptstadtjahr 2003

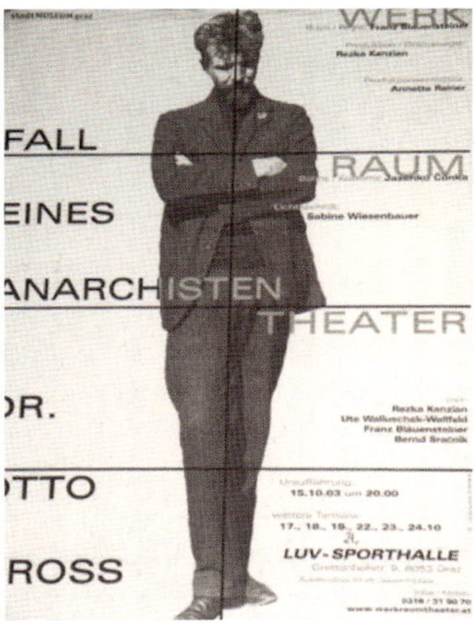

Eben habe ich von Hans Gross erzählt, dem Grazer Untersuchungsrichter, der neue Methoden der Verbrechensaufklärung entwickelt hat, die ihn weltberühmt machten. Nur kurz erwähnt wurde dabei sein Sohn Otto, der 1877 in Gniebing bei Feldbach geboren wurde. Der Mann, der die Welt von den Verbrechern befreien wollte, hatte aber alle Verbrechen in seiner eigenen Familie, erzählt Christian Bachhiesl bei der spannenden Führung durchs Hans Gross Kriminalmuseum in der Grazer Universität. Und zwar in Gestalt seines Sohnes Otto.

Dieser war Psychiater und praktizierender Anarchist, Alkoholiker und kokainsüchtig. Er lebte die freie Liebe aus, hatte mit seinen Patientinnen Affären am laufenden Band und wurde gleichzeitig Vater von Kindern mit mehreren Frauen.

Zwei seiner Geliebten, die zugleich seine Patientinnen waren, waren depressiv und starben an einer Überdosis Kokain, die Otto Gross ihnen gegeben hatte. Eine Anklage wegen Mordes bzw. Beihilfe zur Selbsttötung stand im Raum, wurde aber von seinem Vater verhindert. Otto stellte das anarchistische Gegenbild zu seinem konservativen Vater dar, was Hans Gross psychisch und finanziell schwer belastete.

1914 wurde Otto vom Bezirksgericht Graz wegen Wahnsinns unter Kuratel gestellt und sein Vater ließ ihn in die Landesirrenanstalt Troppau in Schlesien einweisen. Wahrscheinlich hat Ottos Lebenseinstellung die Ansichten von Hans Gross mitgeprägt, als dieser formulierte: „Schlimm sind nicht die Schwerverbrecher, sondern die, die sich nicht in die Gesellschaft einfügen", berichtet Bachhiesl. Denn „Degenerierte und Abweichende" seien gefährlicher als Kriminelle, man müsse sie deportieren, um unsere Gesellschaft zu erhalten. Hans Gross arbeitete an der Zukunft einer „gereinigten" Welt, in der es keinen Platz mehr geben sollte für diese Menschen.

Otto Gross

Wer war nun dieser extreme Otto Gross und was an ihm war so rebellisch? Im zarten Alter von vier Jahren kam er mit seinen Eltern nach Graz und wuchs hier wohlbehütet auf. Die stolzen Eltern hielten den Buben für ein Genie und ließen ihn von Privatlehrern unterrichten. Nach seiner Matura 1894 am 2. k. u. k. Staatsgymnasium in Graz studierte der hochbegabte Otto Gross an der Karl-Franzens-Universität Zoologie und Botanik, dann aber auf Wunsch seines Vaters Medizin in München, Straßburg und Graz.

Sigmund Freud verstieß Otto Gross aus dem Kreis der Psychoanalytiker

1899 promovierte er in Graz zum Dr. med. und heuerte im Jahr darauf bei einer Hamburger Dampfschifffahrtsgesellschaft als Schiffsarzt an. Auf seinen Fahrten nach Südamerika machte Otto erste Drogenerfahrungen, seine Abhängigkeit von Kokain begann. Nach seiner Rückkehr arbeitet er als psychiatrischer Volontärarzt in Graz und wandte sich der psychoanalytischen Lehre Sigmund Freuds zu.

Immer wieder musste er wegen seiner Drogensucht in Entziehungsanstalten. 1903 heiratete er Frieda Schloffer und

Sigmund Freud mit seiner Tochter Anna 1928

ging als Assistenzarzt mit ihr nach München, wo er in der Anarchistenszene und im Künstlermilieu von Schwabing verkehrte. Er hatte ein Verhältnis mit Frieda Richthofen-Weekley, einer Schulfreundin seiner Frau, die auf Besuch war und später den berühmten englischen Dichter D. H. Lawrence heiratete. Über sie gelangten die Sexualmoralismus-Ideen des Otto Gross ins Werk von Lawrence, der damit sehr bekannt wurde und zu seiner Zeit äußerst umstritten war. In München lebte Gross seine Vorstellung von freier Liebe aus. Während seine Frau mit Sohn Wolfgang Peter schwanger war, gebar ihm die Schwester der Frieda Richthofen-Weekley den Sohn Peter und die Schweizer Dichterin Regina Ullmann eine Tochter.

Danach ging Gross mit seiner Frau zu den Anhängern der freien Liebe nach Ascona auf den Monte Verità. 1906 habilitierte er sich in Graz als Privatdozent für Neuropathologie. 1908 überwies ihn Sigmund Freud zur Entzugstherapie bei C. G. Jung. Gross beendete die Therapie jedoch schnell durch einen Sprung über die Anstaltsmauer. Im selben Jahr kam es zum Bruch mit Freud, weil dieser alle gesellschaftspolitischen Folgerungen aus der Psychoanalyse kategorisch ablehnte.

Es war ein Bruch mit Folgen. Freud, der „Papst der Psychoanalyse", verstieß Gross radikal. Im Kongressbericht wurde nicht einmal mehr sein Name erwähnt. 1913 ließ Hans Gross seinen Sohn zwangsinternieren und entmündigen. Doch bald war Otto dank seiner zahlreichen Freunde unter Psychiatern und Ärzten wieder frei und ging nach Berlin, wo er unter Entzugssymptomen litt. Halb verhungert und fast erfroren fand man ihn schließlich auf der Straße. Zwei Tage später starb er am 13. Februar 1920.

Otto Gross war wie Franz Kafka und zahlreiche andere Künstler um die Jahrhundertwende ein Kind seiner Zeit gewesen, ganz verstrickt in den Kampf gegen die Vätergeneration. Die „jungen Wilden" wollten alles anders machen, mit den alten Traditionen brechen, die ihrer Meinung nach doch nur zu Kriegen, Unterdrückung und eben der autoritären Welt führten, die sie so sehr verachteten – und für die die Vaterfigur als dominantes Symbol stand. Doch viele dieser Rebellen zerbrachen am Unverständnis ihrer Zeitgenossen.

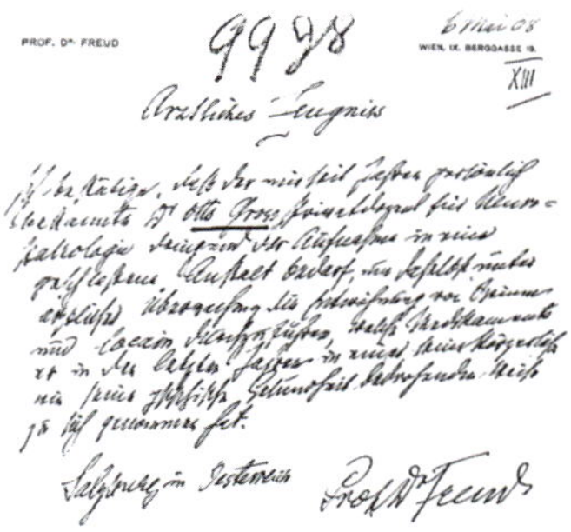
PROF. Dr. FREUD
WIEN, IX. BERGGASSE 19.
Ärztliches Zeugnis

Sigmund Freuds ärztliches Zeugnis über Otto Gross vom 6. Mai 1908, handgeschrieben

Der verhängnisvolle Sturz des Herzogs

Bei Ritterspielen auf dem Tummelplatz stürzte zu Weihnachten 1194 das Pferd des Babenbergerherzogs Leopold V. des Tugendhaften. Schmerzverzerrt ließ sich der Fürst sein zerschmettertes Bein von seinem Kämmerer abhacken. Der musste drei Mal zuschlagen – und der Herzog starb kurz darauf im Alter von nur 37 Jahren.

Auf dem Reichstag zu Worms am 24. Mai 1192 wurde der österreichische Babenbergerherzog Leopold V., der Tugendhafte, von Kaiser Heinrich VI. feierlich mit dem Herzogtum Steiermark belehnt. Umgehend zog er zur Huldigung nach Graz. Vor der Ägydikirche (heute Dom) prangte nun der vereinte Wappenschild von Österreich und Steier auf einer Lanze. Der Begriff „Steiermark" als Landesbezeichnung kam im Mittelalter ja nur gelegentlich vor und setzte sich erst in der Neuzeit durch, gebräuchlich waren damals „Styria" und auf Deutsch „Steier". Unter freiem Himmel hielt Leopold seine erste Grazer Malstatt (Gerichtsstätte, beratende Versammlung) ab, bei der er alte Privilegien bestätigte und neue gewährte.

Aber Leopold war nicht nur tugendhaft, wie sein Beiname klarstellt, sondern auch sehr schlau – und auf Macht aus. Nun besaß er neben Kernösterreich (das heutige Niederösterreich) auch die Steiermark und große Teile des heutigen Oberösterreich. Im Dezember 1192 schlug dann Leopolds große Stunde, die ihn reich und berühmt machte. Da ließ er nämlich seinen großen Widersacher Richard Löwenherz, König von England, auf der Rückkehr vom Kreuzzug in Erdberg bei Wien gefangen nehmen und auf Burg Dürnstein festhalten.

Turnier auf dem Tummelplatz. Dahinter das Minoritenkloster, an dessen Stelle heute das Akademische Gymnasium steht

Der Grund dafür war jene berühmte Episode des 3. Kreuzzuges, in der Richard Löwenherz zornig das Banner des österreichischen Herzogs von einem eingenommenen Turm herunterreißen ließ, als die Kreuzritter Akkon eroberten. So jedenfalls wird die Geschichte in Österreich überliefert. In Akkon soll übrigens auch die berühmte Legende von der Entstehung der österreichischen Farben Rot-Weiß-Rot entstanden sein, wird seit dem 14. Jahrhundert berichtet. Doch Akkon wurde gar nicht erstürmt, sondern kapitulierte nach langen Verhandlungen. Aber auch dazu war Leopolds Beitrag eher von symbolischer Natur. Er soll nämlich nur in Begleitung von acht oder zwölf Rittern gewesen sein, berichtet der Historiker Walter Pohl in „Die Welt der Babenberger", aber er führte immerhin die deutschen Kreuzritter an. Hinter der ganzen Geschichte steht wohl eher ein Streit um die Aufteilung der Beute. Denn um diese kämpften bereits Richard Löwenherz und der französische König Philipp II. August – und dabei wollte nun auch noch der kleine Herzog aus Österreich mitmischen. Leopold reiste jedenfalls beleidigt ab.

Doch der englische König kränkte in seiner aufbrausenden und arroganten Art anscheinend auch den König von Frankreich, der ebenfalls abreiste. In Mailand traf er auf den deutschen Kaiser Heinrich VI., einen Staufer, der ebenfalls ein Gegner des Engländers war, denn dieser hatte seinen Gegenkönig unterstützt. Also heckten sie einen Plan aus und Heinrich VI. gab im Reich die Order aus, Richard Löwenherz bei seiner Rückkehr gefangen zu nehmen, was bei Erdberg zu Weihnachten 1192 auch geschah. Gefangennahme und Erpressung von Lösegeld waren ganz typisch für die hochmittelalterliche Kriegsführung. Sogleich begannen zwischen Leopold und dem Kaiser die Verhandlungen über die Aufteilung des Lösegeldes. Sie verlangten nämlich die fast unermessliche Summe von 100.000 Mark Silber. Von Lösegeld war dabei aber nicht ausdrücklich die Rede, Mitgift nannte es

Kaiser Heinrich VI. überreicht nach dem Fall von Akkon Herzog Leopold (kniend) die rot-weiß-rote Fahne

Leopold, denn er wollte Löwenherz zwingen, seine Nichte mit Leopolds Sohn Friedrich zu verheiraten. Die Summe wurde vom Kaiser sogar noch erhöht und das englische Volk wurde in der Folge mit neuen Steuerzahlungen gequält. Nach der ersten Teilzahlung wurde Richard Löwenherz am 4. Februar 1194 freigelassen. Leopold erhielt einen ungenannten Teil des Lösegeldes (mit dem unter anderem auch die Stadt Friedberg gegründet wurde), wurde aber vom Papst exkommuniziert, über seine Länder wurde das Interdikt verhängt. Das war die schwerste Kirchenstrafe, denn schließlich hatte Leopold einen Kreuzritter gefangen genommen. Obwohl die Strafe in Österreich und Steiermark nicht verkündet wurde, war sie allgemein bekannt. Da jetzt aber schwere Unwetter und Überschwemmungen die Länder des Babenbergers verwüsteten, Seuchen die Bewohner in Massen sterben ließen und vor allem auch ein blutroter Komet am Himmel erschien, interpretierte man das alles als Strafe Gottes für diesen Frevel.

Leopold plante nun zur Buße einen weiteren Kreuzzug und kam deshalb Ende des Jahres 1193 nach Graz. Hier feierte er nicht nur Weihnachten, sondern nahm am Stephanitag auch an den ritterlichen Spielen auf dem Tummelplatz teil, der damals noch außerhalb der Stadt lag. „Da strauchelt bei einer schnellen Wendung auf dem Eise sein Pferd, stürzt mit ihm nieder und zerschmettert durch seine Last das rechte Bein", berichtet Wilhelm von Gebler blumig in seiner „Geschichte des Herzogthums Steiermark" von 1862. „So unerträglich tobte der Schmerz der Wunde, daß Leopold flehentlich schrie, man möge ihm das Bein abhauen." Er befahl seinem Kämmerer, das Beil zu nehmen, der aber mit zittriger Hand drei Mal zuschlagen musste, bis das Bein abgetrennt war, schreibt Gebler. Leopold wusste wohl, was diese Verletzung bedeutet. Jetzt beunruhigte ihn der Kirchenbann doch und er bat um Lossprechung. Der schnell herbeigeeilte Erzbischof von Salzburg, Adalbert, gewährte sie ihm – aber unter gewissen Bedingungen: Er müsse sich dem Urteil des Papstes unterwerfen, die Geiseln des Königs von England und das bereits empfangene Lösegeld wieder herausgeben. Schmerzerfüllt gelobte es Leopold, sein Sohn Friedrich und zwölf Landesedle verbürgten sich dafür. Am fünften Tag nach dem verhängnisvollen Sturz, am 31. Dezember 1194, starb Erzherzog Leopold V. erst 37 Jahre alt in Graz.

Wer, bitte sehr, war dieser Herr Brockmann?

Der Name ist geläufig, denn Brockmanngasse und Brockmannschule kennt man in Graz. Nur sehr wenige wissen aber, dass er einst der Superstar der deutschen Bühnen war und in Hamburg, Berlin und Wien wahre Triumphe feierte – ist ja doch schon mehr als 240 Jahre her.

Nach ihm sind in Graz Brockmanngasse und Brockmannschule benannt. Aber wenn man heute jemanden auf der Straße fragt, wer Johann Franz Brockmann war, gibt's kaum eine Antwort.

Dabei war dieser Grazer zu seiner Zeit – und das war die Ära Goethes und Schillers im späten 18. Jahrhundert – einer der bedeutendsten Schauspieler der Epoche. Der erste Hamlet-Darsteller im deutschen Sprachraum, der in Hamburg und Berlin Triumphe feierte. Brockmanns Darstellung des dänischen Prinzen in Berlin wurde sogar von Daniel Chodowiecki in 15 Kupferstichen festgehalten. Er war der erste Schauspieler im ganzen Deutschen Reich, der nach der Aufführung durch den tobenden Applaus des Publikums vor den Vorhang geklatscht wurde. Seine Berühmtheit veranlasste Kaiser Joseph II., ihn mit einem ansehnlichen Gehalt 1778 nach Wien an das neu gegründete Burgtheater zu berufen, dessen Leitung Brockmann 1789 übernahm. Als „Regisseur-Directeur" erkämpfte er für die Schauspieler deren langersehnte soziale Sicherstellung im Alter – eine

Johann Franz Brockmann in der Rolle seines Lebens als Hamlet

Das Geburtshaus des Schauspielers Ecke Raubergasse/Wurmbrandgasse, heute direkt neben dem Amtshaus

Pensionsberechtigung. Aber auch außerhalb des Theaters war Brockmann sehr rührig, der beste Unterhalter, den man sich vorstellen konnte, der in den Salons der feinen Gesellschaft seinen Charme versprühte.

Doch auch dieser Megastar der Bühne hatte einst klein in Graz angefangen. Am 30. September 1745 wurde dem Franz „Prockham“ und seiner Frau Theresia „im Soldatenhaus ober dem Lesliehaus“ ein Bub geboren, der auf den Namen Franz Hieronymus getauft wurde. Dieses Soldatenhaus ist heute noch als Eckhaus Raubergasse/Wurmbrandgasse (hinter dem viel später gebauten Amtshaus) erhalten. Die Soldatenhäuser waren damals kleine Kasernen, in denen die ausgedienten Stadtsoldaten mit ihren Familien wohnten. „Zur Zeit von Brockmanns Geburt lag dieses Soldatenhaus in einer sehr düsteren Gegend“, hält Robert Baravalle in seiner Schrift „Franz Brockmanns Jugend“ fest. „An das Soldatenhaus grenzten die Stallungen des Gasthofes zum Lamm an und nur wenige Schritte weiter südlich schloss die Stadtmauer mit dem Reckturm, der Wohnung des Henkers, die enge Gasse ab.“

Sein Vater war in Paderborn geboren und hatte das Zinngießerhandwerk gelernt. 1742 war er als Garnisonssoldat nach Graz gekommen. Bereits zwei Jahre später nahm er Abschied und wollte seinen erlernten Beruf ausüben. Aber er hatte nicht mit der Feindschaft der Grazer Zinngießerzunft gerechnet, die keine Konkurrenz duldete. Um ihm dennoch Arbeit zu ermöglichen, nahm ihn der Schlosskommandant auf die Festung zum Läuten der großen Glocke, der Liesl. In Wirklichkeit aber wohl, um hier in Ruhe arbeiten zu können – die Offiziere der Garnison waren nämlich seine besten Kunden. 1752 entschied die Regierung, dass Brockmanns Ware schöner und besser gearbeitet war als jene der heimischen Zinngießer. Nun endlich durfte er auch offiziell sein Handwerk ausüben.

Der kleine Johann hatte zu dieser Zeit viel Umgang mit den spanischen Kriegsgefangenen auf dem Schloßberg – und lernte dabei deren Sprache. Bald darauf übersiedelten die Eltern wieder in die Stadt hinunter, der Sohn besuchte die Schule und wurde 1756 in die 1. Klasse der Lateinschule der Jesuiten aufgenommen. Mit mäßigem Erfolg schloss er dort die Unterstufe ab und kam 1760 zu einem Chirurgen in die Lehre. Chirurgen muss man sich damals eher als Bader vorstellen, geschickt im Einrichten von Brüchen, im Setzen von Blutegeln und im Aderlassen. Nebenbei schnitten sie auch Haare und Bärte.

Schon früh hatte der junge Brockmann eine Neigung zum Theater entdeckt. In seinen freien Stunden trat er im Theater am Tummelplatz (Ecke Burggasse/Einspinnergasse, der letzte Rest dieses Theaters war das sogenannte Kommodhaus, das so unrühmlich abgerissen wurde) als Statist auf. Und im Sommer 1762 schlug endlich seine große Stunde, als der Schauspieler Hasenhut nach Graz kam, um nach jungen Talenten Ausschau zu halten – Brockmann stellte sich ihm vor und machte sogleich Eindruck. Denn der 17-Jährige war

Johann F. Brockmann im Miniaturgemälde von Heinrich Friedrich Füger

wie geschaffen für die Rolle des jugendlichen Liebhabers: sprechende große, blaue Augen, kastanienbraunes, leicht gewelltes Haar, „ein wohlgebildetes Gesicht mit hoher Stirn" und eine ebenmäßige Figur. Er wurde auf der Stelle engagiert.

Schweren Herzens stimmten seine Eltern zu, denn der Schauspielerstand gehörte damals noch vielfach zu den „unehrlichen Leuten", vielen Schauspielern wurde sogar ein kirchliches Begräbnis versagt. Doch die Begeisterung war stärker als alle Bedenken der Eltern und so zog der junge Brockmann als engagierter erster Liebhaber mit der Bodenburgischen Truppe nach Siebenbürgen, um in Hermannstadt, Klausenburg und Temeswar zu spielen. Aber die hohen Erwartungen des jungen Mannes trafen nicht ein, es folgten viele Jahre der Entbehrungen und Enttäuschungen. Denn sein arger steirischer Dialekt und seine ungelenken Bewegungen machten ihn für größere Rollen unmöglich, schnell engagierte man einen anderen ersten Liebhaber – und Brockmann musste weiter mit Statistenrollen vorliebnehmen, Theaterzettel schreiben und auch verteilen. Nicht eine einzige große Rolle durfte er spielen. Wenn er aber schon auf der Bühne nicht den ersten Liebhaber spielen konnte, so gelang ihm dies in der Familie Bodenburg viel besser. 1765 heiratete er in Hermannstadt die ältere Tochter Therese, die eine gute Schauspielerin war und bei der Theatertruppe als jugendliche Liebhaberin brillierte. Ihre jüngere Schwester Julianne heiratete zur selben Zeit den Schauspieler Hasenhut, der einst Brockmann angeworben hatte. Die beiden jungen Ehepaare verließen bald schon die Schauspieltruppe und gingen 1766 nach Wien ans Theater an der Burg. Dort wurden damals ausschließlich Possen und unterhaltsame Stegreifstücke gespielt. Fast unumschränkt herrschte hier der Hanswurst Prehauser als großer Star. Brockmann war verzweifelt – er strebte nach Höherem. Einzig seine Frau Therese erzielte als muntere Liebhaberin Colombine schöne Erfolge. Zwar waren in Wien bereits heftige Bestrebungen im Gange, eine moderne und „geregelte" deutsche Schaubühne zu schaffen, aber noch war es nicht so weit, noch herrschte Hanswurst in der Kaiserstadt. Nach zwei Jahren beendete die Familie Brockmann ihr Engagement in Wien und trat der Kurz'schen Truppe bei, die vor allem im Westen Deutschlands und im Rheingebiet spielte. Aber auch hier konnte sich Brockmann nicht durchsetzen. 1769 kam es dann im Wiener Theater an der Burg zum Umsturz – der Hanswurst wurde abgeschafft, ein „geregeltes", modernes Theater aufgebaut – und Therese Brockmann wurde nach Wien zurückberufen. Ihn jedoch wollte niemand. Also zog Brockmann mit der Wandertheatertruppe weiter nach Frankfurt. Er war noch immer unbekannt und sprach noch immer nicht dialektfrei. Aber in Frankfurt traf er die Person, die sein ganzes Leben von Grund auf änderte – den großen Schauspieler Ludwig Schröder. Dieser war auch auf Gastspielreise durch Deutschland, da er das Hamburger Theater wegen Meinungsverschiedenheiten mit dem Bühnenleiter verlassen hatte. Der Bühnenprofi Schröder erkannte in Brockmann die große schauspielerische Begabung und sein Talent zum großen Tragödiendarsteller, ihn konnte der Dialekt nicht täuschen. Er versprach Brockmann, dass er ihn sofort nach Hamburg, an diese erste deutsche Bühne, holen würde, wenn er dort die Direktion übernehmen würde. Dann trennte man sich und Brockmann zog mit seiner Truppe quer durch die deutschen Lande und spielte Diener, Lakaien und andere kleine Rollen. Nirgendwo blieb er in Erinnerung, kein einziger Bericht über ihn ist erhalten. Doch Brockmann glaubte unbeirrbar an das Versprechen des großen Theatermanns aus Hamburg, verbesserte seine Sprache, lernte, las viel und übte noch mehr. Und dann kam wirklich die Wende. Im Frühjahr 1771 übernahm Schröder das Hamburger Nationaltheater – und sogleich ging ein Brief an Brockmann zur Kurz'schen Truppe, die damals gerade in Süddeutschland spielte. Im Brief der Vertrag und die nötigen Wechsel für die Reisekosten nach Hamburg. Joseph Felix Kurz legte ihm keine Prügel in den Weg, solche Schauspieler wie Brockmann gab es Dutzende, meinte er – und lachte über sein Engagement im ersten Hause des deutschen Sprachraums. Das konnte wohl nur ein Irrtum sein.

Doch mit 26 Jahren lächelte Brockmann das Schicksal zum ersten Mal zu – und er wurde in Hamburg zum Vorkämpfer des neuen deutschen Theaters, das die Werke der großen Dramatiker auf der Bühne zum Leben erwecken wollte. Hier erhielt er die notwendige künstlerische Ausbildung durch Friedrich Ludwig Schröder und unter ihm feierte er 1776 als erster deutschsprachiger Hamlet grandiose Erfolge. Dann eroberte er auch das neue Burgtheater und ganz Wien, wo Johann Franz Hieronymus Brockmann nach 34-jähriger, höchst erfolgreicher Arbeit schließlich am 12. April 1812 starb.

Das seltsame Reisebüro des Herrn Schleich

Die unglaubliche Geschichte des Hühnerbauern, Gärtners und Lebemanns Josef Schleich, der zwischen 1939 und 1941 Tausenden Juden das Leben rettete, indem er sie als Schlepper mit Wissen der NS-Behörde über die nahe Grenze nach Jugoslawien brachte.

Josef Schleich war eine schillernde Persönlichkeit. Der 1902 geborene Grazer besaß in Liebenau eine Hühnerfarm und eine Gärtnerei. Aber er war auch ein Lebemann, der den Luxus und die Frauen liebte. Und große Feste. Da dieses Leben aber sehr teuer kam, besserte er sein Einkommen durch illegale Geschäfte auf. Schmuggeln war seine Spezialität, die Grenze zum Königreich Jugoslawien nicht weit und Saccharin und Feuersteine waren in Österreich sehr gefragt. Bis 1938 wurde Schleich 16 Mal erwischt und bestraft.

Dann kam der „Anschluss" an Nazi-Deutschland. Für die einen ein neuer Anfang voller Hoffnung, für die anderen brach eine Welt zusammen – vor allem für die jüdische Bevölkerung. Sie wurde gedemütigt und diskriminiert, sodass viele freiwillig das Land verlassen wollten. Das war bis Oktober 1941 ganz im Sinne der NS-Behörden, solange sie Abgaben wie die Landesfluchtsteuer entrichteten. Die Juden sollten mittellos über die Grenze gehen, ihr Vermögen sollte eingezogen werden. Das erlaubte Reisegeld betrug nur zehn Reichsmark (RM). In dieser Notsituation erklärten

Josef Schleich (links) mit einem Gestapo-Mann (Mitte) auf dem Flughafen

Typisches Schicksal 1938: Das Kaufhaus Rendi am Joanneumring wurde sofort „arisiert“

TUCHHAUS S. RENDI
GRAZ

arisch!

Der neue Besitzer und die Gefolgschaft des Tuchhauses S. Rendi, Graz, Joanneumring, zeigen an, daß die Firma nunmehr rein arisch ist. Das Unternehmen wird unter dem Namen

C. ANTON HÜBL
TUCH-GROSSVERSAND

in vollem Umfang weitergeführt. — Wir bitten Sie, der neuen Firma Ihr vollstes Vertrauen zu schenken. Wir werden uns bemühen, durch einwandfreie Qualitäten und zuvorkommendste Bedienung Ihr Vertrauen in jeder Weise zu rechtfertigen und zu erhalten. Verlangen Sie daher bei Ihrem Schneider nur die HÜBL-KOLLEKTION!

Heil Hitler!

BETRIEBSFÜHRER UND GEFOLGSCHAFT DER FIRMA
C. ANTON HÜBL, TUCH-GROSSVERSAND
GRAZ, JOANNEUMRING 5

1938 wurde die „Arisierung“ per Anzeige in der „Tagespost“ vermeldet

sich die USA bereit, 60.000 Juden aufzunehmen – aber nur, wenn sie landwirtschaftlich geschult waren.

Die Zeit drängte und so wandte sich der jüdische Dentist Klein, der auch Mitglied der Grazer Kultusgemeinde war, an seinen Patienten Josef Schleich und schlug ihm vor, auf seiner Hühnerfarm und in seiner Gärtnerei Juden landwirtschaftlich auszubilden. Schleich erklärte sich bereit dazu. Am 11. Juli 1938 suchten er und der Grazer Autofahrschulinhaber Ferdinand Schagewetz aus der Schießstattgasse 17 offiziell bei der NSDAP an, Schulungskurse für auswanderungswillige Juden abhalten zu dürfen. Am 29. Juli 1938 erhielt Schleich die Erlaubnis, musste sich aber verpflichten, seine „Schüler“ bei der Staatspolizei zu melden.

Der in Graz geborene Jude David Grünschlag erinnerte sich nach dem Zweiten Weltkrieg daran, von seinem Vater gehört zu haben, dass man die gleiche Umschulungsaktion für Auswanderer nach Palästina als „Rassco-Transfer“ bezeichnet hat. „Graz sei die einzige Stadt gewesen, die dieses Projekt durchführen wollte", wird er in der vierbändigen „Geschichte der Stadt Graz", hrsg. von Walter Brunner, zitiert.

Bald schon waren die sechsmonatigen Landwirtschaftskurse des Josef Schleich für 800 RM pro Person überall bekannt und Juden aus Wien, aus dem „Protektoriat Böhmen und Mähren" und sogar aus dem „Altreich" kamen nach Graz. Der Andrang war so riesig, dass Schleich mit den Kursen nicht mehr nachkam. Aber er war flexibel und stellte jedem für eine Reichsmark ein Kurszeugnis aus – ohne auch nur einen Kurs abzuhalten. Auf diese Weise sollen etwa 15.000 bis 20.000 Juden legal das Deutsche Reich verlassen haben. Doch bald schon kam es der US-Einwanderungsbehörde verdächtig vor, dass Schleich so viele Menschen jeweils sechs Monate lang ausgebildet haben soll. Kurzerhand akzeptierten sie Schleichs Zeugnisse nicht mehr, er verlor seine „Schüler" und sein Einkommen. Aber Schleich fand umgehend ein neues Betätigungsfeld – er arbeitete mit dem jüdischen Palästina-Amt in Wien und den Behörden Adolf Eichmanns zusammen, der Heydrichs „Referent für Judenangelegenheiten" war. So wurde Schleich ganz offiziell „Reisebegleiter" der ausreisewilligen Juden. Im Klartext hieß dies, dass Schleich Kleingruppen von Juden ganz offiziell als Schlepper über die Grenze nach Jugoslawien brachte – illegal war erst die Einreise dort. Die Flüchtlinge meldeten sich in Schleichs Wohnung am Glockenspielplatz 7 und wurden dort oder in Schleichs Hühnerfarm in Liebenau bis zum Weitertransport an die slowenische Grenze untergebracht und versorgt. Die Fahrt selbst erfolgte per Bahn oder mit Taxi – diskret in kleinen Gruppen, wie es die NS-Behörde verlangt hatte. Schleich musste allerdings beiderseits der Grenze Schmiergelder zahlen. Das Geld dafür streckte er selbst vor, denn entlohnt wurde Schleich erst, wenn seine „Reisegäste" ihre geglückte Ankunft in Agram (Zagreb) per Post der Kultusgemeinde in Wien mitteilten.

Kein Wunder, dass ein „Grenzübertritt" mit dem Reisebüro Schleich 670 Reichsmark pro Person kostete. Billig war das nicht, wenn man bedenkt, dass ein Kilo Schwarzbrot damals 0,34 RM und ein Liter Milch 0,28 RM kosteten. Aber gratis war nur der Polentransport ins KZ, lautete die gängige Redewendung jener Tage. Denn die ersten Transporte rollten bereits in die KZ-Lager. „Judenschlepper" gab es damals viele, aber Josef Schleich hatte die größte Organisation aufgebaut und reiste nun als eleganter Geschäftsmann immer wieder durch ganz Europa, um neue Wege und Partner für seinen Menschenschmuggel zu finden. Zwölf Mal soll er von der Gestapo bereits verhaftet worden sein, kam aber immer wieder frei. Bis zum 12. März 1941 florierte sein Geschäft bestens. Schleich brachte auch immer wieder „privat" und kostenlos Leute über die Grenze. Dann aber wurden er und seine Mitarbeiter endgültig von der Staatspolizei verhaftet

Im „Carolinenhaus" am Glockenspielplatz 7 wohnte die Familie Josef Schleich

und die ganze Auswandererorganisation zerschlagen. Die Nationalsozialisten hatten neue Pläne: Nun wollten sie die Juden nicht mehr bloß vertreiben, jetzt sollten sie systematisch vernichtet werden. Auch deshalb wurde das letzte Schlupfloch ins Ausland versperrt und Jugoslawien von der deutschen Wehrmacht besetzt. Schleich wurde vor Gericht gestellt und wegen Devisenvergehen schuldig gesprochen. Nach einer zehnmonatigen Haftstrafe wurde er zur Wehrmacht eingezogen. Seine jüdische Sekretärin, Berta Horiner, wurde nach Theresienstadt deportiert und kam dann nach Auschwitz, wo sie 1944 in der Gaskammer umkam. 1945 kehrte Schleich nach Graz zurück und wohnte wieder am Glockenspielplatz 7. Jetzt wurde er abermals angeklagt – diesmal nach dem Kriegsverbrechergesetz, weil er die Notlage von Juden ausgenützt habe. Doch mangels Beweisen und wahrscheinlich auch wegen seiner schweren Krankheit wurde das Verfahren gegen ihn am 15. Dezember 1948 eingestellt. Schleich wurde enthaftet, konnte aber seine Freiheit nicht lange genießen. Am 7. Februar 1949 starb er an Leberzirrhose.

Der Grazer „Reisebüroleiter" Josef Schleich (1902–1949) mit einer Mitarbeiterin

Pecunia non olet – Geld stinkt nicht, oder doch?

Wie in der schütter besiedelten Schönau auf der Wohlmutwiese eine Poudrettefabrik errichtet wurde, die aus den Exkrementen der Grazer Düngemittel produzieren sollte. Doch die Anrainer hatten keine große Freude damit – nach dem Zweiten Weltkrieg wurde daraus die Seifenfabrik Lettner.

Haben Sie eigentlich schon einmal bewusst bemerkt, wie bequem es ist, wenn man zu Hause die Klospülung betätigt – und flutsch ist alles kanalisiert und bestens entsorgt? Das Gleiche gilt natürlich auch für die gesamten Abwässer im Haushalt. Aber es war nicht immer so einfach und hygienisch, seine täglichen Geschäfte zu verrichten. Jahrhundertelang wurden alle Niederschlags- und Wirtschaftswässer in Graz in oberirdischen Rinnsalen auf dem kürzesten Weg in die Mur oder in die alten Festungsgräben und Mühlgänge geleitet. Die menschlichen Ausscheidungsstoffe hingegen wurden in Gruben gesammelt, deren Inhalt je nach Bedarf entleert wurde. Das war natürlich auf Dauer keine befriedigende Lösung und überdies äußerst geruchsintensiv und unhygienisch.

Was sollte also mit der Fäkalmasse der Grazerinnen und Grazer geschehen, war daraus nicht doch in irgendeiner Form Gewinn zu erzielen?, fragten sich schon im 19. Jahrhundert findige Unternehmer. Und wirklich, am 17. Dezember 1871 legte ein Konsortium ein Offert vor, „die Abfuhr der menschlichen Ausscheidungen in der Landeshauptstadt Graz zu übernehmen". Schon im März 1872 wurde der Bau einer Poudrettefabrik (Düngemittelfabrik) bewilligt, für die die Stadt ihre gesamte Fäkalmasse zusicherte.

Auf der Wolmutwiese in der nur schütter besiedelten Schönau, die damals noch zur eigenständigen Gemeinde Liebenau gehörte, wurde die Fabrik direkt am linken Murufer als Sichtziegelbau mit Mansardendachstuhl errichtet. Die Planung hatte Georg Niemann über, Baumeister war Jakob Bullmann. Doch die neue Fabrik stand unter keinem guten Stern. Schnell gab es – große Überraschung – Schwierigkeiten wegen Geruchsbelästigung, und mehrfach wechselten die Besitzer. Seit spätestens 1889 wurde dann das Werk als Podewilsche Fäkalextraktfabrik bezeichnet und bis 1920 laufend erweitert und umgebaut.

Aber das war nicht alles. Während die „Fasslmänner" ihre stinkenden Fässer in die Fabrik lieferten, transportierten Privatunternehmer mit ihren Deckelwagen den städtischen Kehricht und Abfall zu den Buchten der Mur neben der Fabrik. „Weit drunten an der Mur, gleich neben der Poudrettenfabrik", schrieb eine Zeitung am 9. April 1908, „da ist der große Misthaufen von Graz." Kaum hatten dort die Wagen ihre Inhalte entleert, durchwühlten schon Frauen mit Hauen und Schaufeln die Häufen, um alles irgendwie noch Brauchbare einzusammeln. Zwischen alten Fetzen und Hadern, Knochen, Speiseresten und Eisenteilen fand sich ab und zu auch ein Stück Messing. Da war die Freude groß, denn dieses „Gold des Abfalls" wurde mit 60 Heller pro Kilo bezahlt.

Alles wurde nach Verwertbarem durchwühlt und dann sortiert, Knochen zu Knochen, Metall zu Metall. Das war der Deal: Für die Restverwertung mussten die Frauen Ordnung halten und das Unbrauchbare einfach in die Mur entsorgen, ihr Tageserlös betrug im Schnitt zwei Kronen – je nachdem, woher der Müll stammte, war mehr oder weniger davon verwertbar. Doch dieses Mülltrennungssystem drohte sich nun zu ändern, schrieb die Zeitung. „Vom Herbst an soll ein Teil der Kehrichtabfuhr durch die Gemeinde besorgt werden. Ob dann auch eine Sortierung und weitere Verwertung der Abfälle vorgenommen wird, ist zur Zeit noch nicht bekannt."

Im Zweiten Weltkrieg kam dann das Ende der Fäkalextraktfabrik, als der schöne Backsteinbau durch einen Bombentreffer schwer beschädigt wurde. 1946 übernahm schließlich die H. G. Lettner & Söhne KG die Anlage in der Angergasse 41–43 und errichte hier eine Seifenfabrik. Die Fabrik hatte sich sozusagen vom Stinktier zur Duftente entwickelt. Heute erfreuen sich die komplett renovierten Gebäude unter der Bezeichnung „Seifenfabrik" jedenfalls großer Beliebtheit als Schauplatz für die verschiedensten Events.

Die „Seifenfabrik" vor der Renovierung, im Vordergrund Schrebergärten

Wie der Grazbach unter die Erde kam

Bis zum Jahr 1879 floss der Grazbach durch die Vorstadt und mündete beim heutigen Augartenbad in die Mur. Danach wurde er in mehreren Bauabschnitten umgeleitet und unter die Straße eingewölbt, heute mündet er als Kanal in Höhe der Augartenbrücke in die Mur.

Nur wenn sich über dem alten Graz gnädig die Wolken öffneten und ein richtiger Regenguss herunterprasselte, wurden einst die Kloaken des städtischen Unrats aus den Gossen fortgespült. Daraufhin bildete sich ein Kotmeer, das die Verkehrswege tagelang unpassierbar machte. Dieser Zustand bestand durch Jahrhunderte und führte oft zu verheerenden Seuchen, schrieb Oberbaurat H. Ortner in seiner Broschüre „Die Schwemmkanalisation der Stadt Graz" zu Beginn des 20. Jahrhunderts.

Baustelle Grazbachgasse/Ecke Wielandgasse am 22.10.1904, links zweigt noch der alte Verlauf des Grazbachs ab

Der Kanalbau wird zügig Richtung Mur vorangetrieben

Der Aushub des mittleren Endkanals in der Grazbachgasse beginnt (1904)

Erst spät kam man auf die Idee, sich mit der unterirdischen Ableitung der oberflächlichen Abwässer zu beschäftigen. Der erste Ansatz dazu kam mit dem Fall der alten Stadtbefestigung und der damit verbundenen Trockenlegung der Stadtgräben. Bei ihrem Verschütten wurde auf der Bodensohle ein Kanal verlegt, um für die Schmutz- und Niederschlagswässer einen unterirdischen Abfluss zu schaffen. Diesen allerersten Kanal gibt es heute noch als „Stadtgrabenkanal" vom Paulustor bis zum Opernhaus, berichtet Gerald Maurer, Chef des Kanalbauamtes.

In der zweiten Hälfte des 19. Jahrhunderts beschäftigte man sich vordringlich mit der Einwölbung von Grazbach und Kroisbach, die beide die Anrainer ständig mit Überschwemmung bedrohten. Bei langer Trockenheit hingegen stanken sie erbärmlich, weil der tägliche Unrat von den Bewohnern trotzdem eingeleitet wurde. Es muss furchtbar gewesen sein. Aber diese Einwölbungen hatten auch einen sehr nützlichen Nebeneffekt: Durch die Verbauung kam es zu Land-

Das Schörgelschlössl stand an der Einmündung der Schörgelgasse zum offenen Grazbach

gewinn und die aufstrebenden Stadtteile konnten dichter verbaut werden. Was bitter notwendig war. Denn „hier wohnte die Armut mit Schmutz und Entbehrungen und das Laster in vielen Saufhäusern", bemerkt ein Chronist über die Gegend des Dietrichsteinplatzes.

1879 wurde mit der Einwölbung des Grazbachs begonnen, der ursprünglich in der Höhe des heutigen Augartenbads offen in die Mur einmündete. Gebaut wurde von der ehemaligen Schlögelbrücke (Dietrichsteinplatz) bis zur Wielandgasse und Pfeifengasse (heute Adolf-Kolping-Gasse). Bei der Straßenkreuzung Grazbachgasse/Wielandgasse, dort, wo sich heute das Papierfachgeschäft Wurzer befindet, zweigte früher der Grazbach nach links ab und wurde nun geradeaus Richtung Mur verlegt. Direkt darüber verläuft heute die Grazbachgasse. Die Bauarbeiten wurden von der Firma Andrea Franz in den Jahren 1880 bis 1883 durchgeführt. Danach folgte die Einwölbung des Grazbach-Oberlaufs zwischen der Naglergasse und dem Dietrichsteinplatz sowie des Kroisbachs von der Leonhardstraße bis zur Mandellstraße in den Jahren 1885/87.

Doch schon nach dem verheerenden Hochwasser von 1896 mussten die gesamte Bachsohle sowie große Gewölbeteile durch Beton erneuert werden. 1904 war es so weit, wie private Fotos belegen. Das Ergebnis beim Verbau des Grazbachs: ein Kanal wie eine zweispurige Autostraße – sieben Meter breit und sieben Meter hoch. Aber die erodierende Wirkung des Wassers und der Geschiebe sorgten dafür, dass Jahr für Jahr aufwendige Erneuerungsarbeiten notwendig wurden.

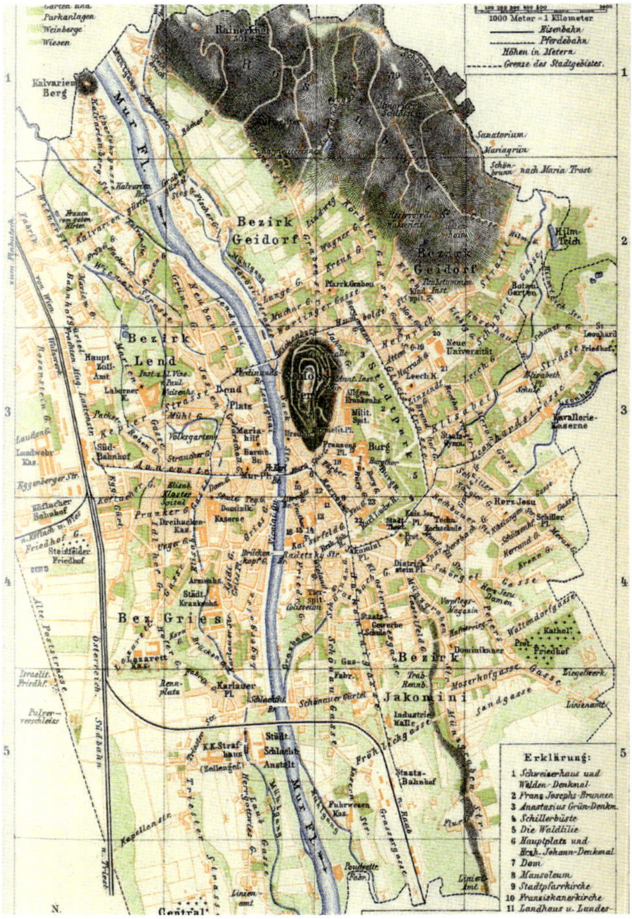

Stadtplan von 1894 aus dem Brockhaus Konversationslexikon. Hier mündet der Grazbach noch offen bei der alten Schlachthofbrücke (heute Bertha-von-Suttner-Friedensbrücke) in die Mur. Weiter südlich ist die Poudrettefabrik am Mühlgang eingezeichnet

„Fräulein Doktor" war die erste Grazer Ärztin

Oktavia Aigner-Rollett war die erste Grazerin, die als Externistin im Jahr 1900 am Akademischen Gymnasium die Maturaprüfungen ablegen durfte, dann Medizin studierte und 1905 eine Arztpraxis eröffnete.

Es war ein langwieriger und umständlicher Weg, bis Oktavia Aigner-Rollett (1877–1959) im Jahr 1900 als erste gebürtige Grazerin die Maturaprüfungen ablegen durfte – und eine echte Pionierleistung. Weil vor der Jahrhundertwende Mädchen sogar der Besuch von Gymnasien verboten war, besuchte Oktavia Rollet, das älteste Kind des Grazer Universitätsprofessors und mehrmaligen Rektors Alexander Rollett, das sechsklassige Grazer Mädchen-Lyzeum. Dieses war 1873 in der heutigen Kaiserfeldgasse als erste höhere Mittelschule der Donaumonarchie für Mädchen gegründet worden. Bereits drei Jahre später musste die Schule wegen des großen Zulaufs in das Palais Khuenburg (heute Stadtmuseum) in der Sackstraße umgesiedelt werden. Nach den sechs Schuljahren besuchte Oktavia ein Jahr lang die Lehrerinnenbildungsanstalt, legte die Lehrbefähigungsprüfung für Englisch ab wurde Probekandidatin an der Mädchen-Bürgerschule in der Muchargasse.

Oktavia Aigner-Rollett als junge Doktorin

Als im Jahr 1900 Frauen in Österreich erstmals zum Studium der Medizin zugelassen wurden, wollte sie unbedingt die Matura machen und – wie ihr verehrter Vater – Medizin studieren. Dafür legte sie im damaligen k. k. Ersten Staatsgymnasium (dem heutigen Akademischen Gymnasium) mit bereits 23 Jahren als Externistin und erste ge-

Oktavia Aigner-Rollett in ihrer Ordination

Eingesendet.

Fräulein Dr. Oktavia Rollett

hat ihre Praxis Humboldtstrasse Nr. 17 eröffnet und ordiniert von 3 bis 4 Uhr. 5783

Als erste Frau in der gesamten Steiermark eröffnete sie am 26. September 1907 in der Humboldtstraße 17 eine selbstständige Arztpraxis

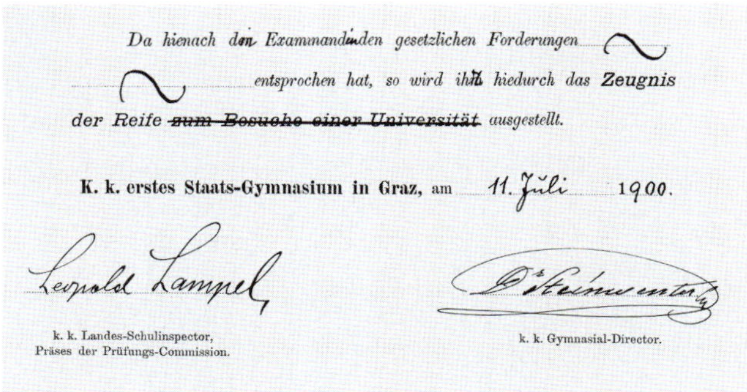

Da hienach der Examinandin gesetzlichen Forderungen ~ ~ entsprochen hat, so wird ihr hiedurch das Zeugnis der Reife ~~zum Besuche einer Universität~~ ausgestellt.

K. k. erstes Staats-Gymnasium in Graz, am 11. Juli 1900.

Leopold Lampel
k. k. Landes-Schulinspector, Präses der Prüfungs-Commission.

Dr. Steinwenter
k. k. Gymnasial-Director.

Faksimile vom Maturazeugnis, in dem die Erlaubnis zum Universitätsbesuch gestrichen war

bürtige Grazerin die Matura ab. Sie erhielt ein Reifezeugnis, in dem aber die vorgedruckte Erlaubnis zum Universitätsbesuch durchgestrichen war. Das war damals durch eine geltende Ministerialverordnung gedeckt, die aber im selben Jahr noch wegfiel.

Gegen den anfänglichen Widerstand ihres berühmten Vaters begann Oktavia Rollett im Wintersemester 1900/1901 mit dem Medizinstudium an der Grazer Universität. „Erst durch das anhaltende, energievolle und zielbewusste Streben seiner Tochter und die verständnisvolle Fürbitte seines Assistenten, des nachmaligen Nobelpreisträgers Fritz Pregl, hat er sich dann doch bewegen lassen, ihren Wünschen zu entsprechen", berichtet Oktavias Sohn Reinhold Aigner im „Historischen Jahrbuch der Stadt Graz" 1969. Am 9. November 1905 wurde sie in der Aula der Grazer Universität ganz allein zum Doktor der gesamten Heilkunde promoviert – als erste gebürtige Grazerin. Vor ihr hatte nur die Wienerin Maria Schuhmeister ein Medizinstudium in Graz abgeschlossen. Parallel zu ihrem Medizinstudium hatte Oktavia Rollett auch Chemie studiert, das ist aber „im Zuge der Dissertation an der Abneigung des damaligen Ordinarius für Chemie gegen das Frauenstudium gescheitert", so Aigner.

Laut Amtsbestätigung vom 27. Dezember 1905 hat sich „Fräulein Dr. Oktavia Rollett" an diesem Tag zur Ausübung der ärztlichen Praxis in Graz gemeldet. 1906 war sie das erste weibliche Mitglied der Steiermärkischen Ärztekammer und ebenfalls 1906 als erste Doktorin am Allgemeinen Krankenhaus in Graz, das sich damals noch beim Paulustor befand, tätig. Dort arbeitete sie als unbezahlte Hilfsärztin in der II. Medizinischen Abteilung, denn weibliche Sekundarärzte waren durch einen eigens gefassten Beschluss der Landesregierung für das Landeskrankenhaus abgelehnt worden. Da waren die Privaten in ihrer Einstellung schon weiter: 1906/07 arbeitete Rollett als erste Sekundarärztin an der chirurgischen Abteilung am privaten Anna-Kinderspital in Graz. Als erste Frau in der gesamten Steiermark eröffnete sie am 26. September 1907 in der Humboldtstraße 17 eine selbstständige Arztpraxis.

Seit 1908 war Rollett mit dem Assistenten des Anatomischen Instituts der Universität Graz, Dr. med. Walter Aigner, verheiratet und hatte drei Söhne.

Die Bosniaken kommen

Das zweite Infanterieregiment der Bosniaken war ab 1894 in Graz stationiert. Im Ersten Weltkrieg führte es als k. u. k. Elitetruppe einen Dschihad, einen heiligen Krieg, für den österreichischen Kaiser.

Als 1878 der Berliner Kongress die osmanischen Provinzen Bosnien und Herzegowina unter die Verwaltung Österreich-Ungarns stellte, dachte wohl niemand, dass die Bosniaken wenige Jahre später bereits zur Elitetruppe der k. u. k. Armee werden würden.

Das in Graz stationierte bosnisch-herzegowinische Infanterieregiment Nr. 2 war im Ersten Weltkrieg sogar das meistausgezeichnete Regiment der altösterreichischen Armee. „Seine Soldaten bekamen insgesamt 42 Goldene, 590 Große

Gruppenbild mit Waffen: die Zweier-Bosniaken aus Graz

Kaiser Karl bei der Inspektion 1917 in Südtirol

Silberne, 1937 Kleine Silberne und 4300 Bronzene Tapferkeitsmedaillen sowie 310 weitere hohe Orden für Offiziere. Hauptmann Gojkomir Freiherr von Glogovac blieb der einzige Maria-Theresienritter eines Bosniakenregiments", berichtete Oberstleutnant Reinhard Stradner im „Truppendienst 6/2003".

Doch wie war Bosnien-Herzegowina zu Österreich-Ungarn gekommen? Zwischen 1463 und 1482 waren die beiden Balkanländer Teil des Osmanischen Reiches geworden und eine große Zahl der slawischen Bevölkerung konvertierte zum Islam. 1875 führte ein Aufstand der Bosniaken zur Intervention Russlands, doch der Berliner Kongress von 1878 stellte Bosnien-Herzegowina gegen den Willen der Bevölkerung unter österreichische Verwaltung. Nominell aber blieb das Land unter der Oberhoheit des Osmanischen Reiches und Österreich-Ungarn hatte dafür Zahlungen an die Hohe Pforte zu leisten. Die Bosniaken leisteten heftigen Widerstand gegen die k. u. k. Truppen. „Der Kampf in den Straßen von Sarajewo soll besonders grässlich gewesen sein", schreibt Stradner. Doch letztlich wurde Bosnien-Herzegowina besetzt. Den steirischen Soldaten, die in Bosnien gefallen waren, wurde 1901 am „Radetzkyspitz" in Graz

(Ecke Radetzkystraße/Joanneumring) ein Obelisk als Denkmal gesetzt.

Sofort nach der Besetzung wurden eine leistungsfähige Verwaltung und ein funktionierendes Schul- und Sanitätswesen eingerichtet, sodass sich das Land wirtschaftlich bald gut entwickelte. Nun versuchte Österreich, die alten muslimischen Eliten auf seine Seite zu ziehen. Dafür war schon 1874 der Islam in Österreich-Ungarn als Religionsgesellschaft anerkannt worden. 1908 kam es zur formellen Annexion Bosnien-Herzegowinas, die aber eine europäische Krise auslöste und direkt zum Attentat von Sarajewo und damit in den Ersten Weltkrieg führte.

Doch zurück zu den Bosniaken in Graz. Von 1894 bis 1914 diente dem bosnisch-herzegowinischen Infanterieregiment Nr. 2 die alte Dominikanerkaserne in der Grenadiergasse (Bezirk Gries) als Unterkunft. Bis 1807 war dieser Bau ein Dominikanerkloster gewesen, das den Josephinischen Klosteraufhebungen zum Opfer gefallen war. Die Kaserne ver-

Um 1900 in der Dominikanerkaserne in Graz, die später ein Landesschülerheim war

fügte damals über das modernste Badehaus von Graz – vermutlich das heutige Bad zur Sonne. Der Wehrdienst dauerte durchgehend drei Jahre und weitere neun Jahre in der Reserve. Aber auch ein Freikaufen war möglich. Da die Zweier-Bosniaken als besonders tapfere Kämpfer galten, wurden sie vor allem in schwierigen Situationen und als Ordnungsmacht bei Demonstrationen gegen die eigene Bevölkerung eingesetzt – was sie in Graz nicht sonderlich beliebt machte. Sehr populär hingegen waren die bosnische Regimentskapelle unter Eduard Wagnes und der Marsch „Die Bosniaken kommen". In den Straßen von Graz sorgten sie in ihrer auffallenden Uniform für ein buntes Straßenbild. Der rote Fez (Kopfbedeckung) und die lichtblauen Bundhosen verliehen ihnen ein orientalisches Aussehen. Im Kampfeinsatz trugen sie jedoch einen grauen Fez und ebensolche Uniformen. Für die gläubigen Moslems unter ihnen gab es ein kleines orientalisches Café in der Dominikanerkaserne, aber die meisten von ihnen dürften orthodoxe Serben aus der Gegend um Banja Luka gewesen sein, die die zahlreichen Lokale in der Murvorstadt besuchten.

Die Zweier-Bosniaken waren neben dem Infanterieregiment Nr. 27 „König der Belgier" das zweite Grazer Hausregiment – bis 1914. Im Ersten Weltkrieg spielten sie ihre wichtigste Rolle und waren vor allem von der karnischen Front bis zum Isonzo und im Karst eingesetzt. Ihr Kampf für den Kaiser wurde übrigens von den politischen und religiösen Vertretern der muslimischen Welt als Dschihad, als heiliger Krieg, genehmigt. Besonders die verlustreiche Erstürmung des strategisch wichtigen Monte Meletta-Fior nahe Asiago am 7. Juni 1916 brachte ihnen viel Ruhm. Auf dem Soldatenfriedhof von Lebring – heute Bosniakenfriedhof – liegen 805 von ihnen begraben. Hier waren im Ersten Weltkrieg ein Lazarett und der Ersatztruppenkörper der Zweier-Bosniaken stationiert. Heute erinnern in Graz noch die „Zweierbosniakengasse" in Straßgang und die Bosniakerln (ein mit Kümmel gewürztes Gebäck) an die k. u. k. Elitetruppe.

Durch elf Tore kam man einst ins alte Graz

Das mittelalterliche Graz war durch eine Stadtmauer mit zehn Toren gesichert. Sowohl Mauer als auch Tore wurden im Laufe der Zeit immer weiter nach außen verlegt. 1835 kam noch ein Schmucktor dazu, das Franzenstor, das aber 1856 bereits wieder abgerissen wurde.

Einst gab es elf Stadttore im alten Graz. Nur zwei von ihnen bestehen heute noch – das Burgtor und das äußere Paulustor. Zwei weitere Tore überleben namentlich in der Neutorgasse und als Platz am Eisernen Tor. Die drei Sacktore in der Sackstraße, das innere und äußere Murtor in der Murgasse, das innere Paulustor in der Sporgasse sowie das Franzenstor am unteren Ende der Burggasse wurden hingegen abgerissen und sind längst vergessen.

Die zwei ältesten Tore waren das innere Murtor und das innere Paulustor und waren in die alte Stadtmauer eingebaut. Sie boten Durchlass für die uralte Handelsstraße nach Ungarn, die in Graz durch die Murgasse und die Sporgasse nach Osten führte. Im 14. Jahrhundert wurde dann das Burgtor errichtet, sieben weitere Tore folgten erst im 16. Jahrhundert, als die Stadt größer wurde und die Festungsanlagen weiter außen neu gebaut werden mussten. Als spätes Schlusslicht folgte das Franzenstor, das 1835 zu Ehren des verstorbenen „guten Kaisers Franz“ dort errichtet wurde, wo heute die Burggasse in den Ring mündet. Es wurde

Das alte Burgtor mit Uhr

bereits 1856 zusammen mit den dortigen Bastionen wieder abgerissen, um die heutige Ringstraße an der Oper bauen zu können.

Wie funktionierte aber so ein mittelalterliches Stadttor in Graz? Schon am späten Nachmittag wurde es aus Sicherheitsgründen geschlossen und jeder, der zu spät kam, musste meist ein „Sperrsechserl" zahlen. Überhaupt ließ die Torwache nur ihr wohl bekannte Bürger in die Stadt, alle anderen mussten sich ausweisen. Der Torschluss wurde stets laut angekündigt: Anfangs durch das Treten eines Horns auf dem Schloßberg, das war der berühmte „Orgelschrei". Später durch die „Bierglocke" und Kanonenschüsse. Außerhalb der Stadttore lagen Wiesen und Gärten, welche die Grazerinnen und Grazer zum Spaziergang einluden – dort war man mitten am Land. Viel später entstanden auf diesen Flächen die Vorstädte. Dieses Bild muss man sich einmal vorstellen: Im Mittelalter waren der heutige Karmeliterplatz, der Jakominiplatz oder der Kaiser-Josef-Platz grüne Wiesen außerhalb der Stadtmauer – unglaublich!

Friedrich III. mit dem steirischen Herzoghut um 1460

Die zwei Paulustore

Beginnen wir unseren Rückblick mit den zwei Paulustoren. Das innere wird erstmals 1355 erwähnt und sperrte einst die obere Sporgasse beim später erbauten Palais Saurau ab, aus dessen Dachluke der berühmte Türke heute noch herausschaut. Seinen Namen hat das Tor von der am Südhang des Schloßbergs befindlichen einstigen Pauluskirche, das ist die heutige Stiegenkirche in der Sporgasse. Sie war auf dem Paulusberg errichtet worden, so hieß im Mittelalter der südliche Vorberg des Schloßbergs. Das innere Paulustor war eines der romantischsten Tore von Graz und bestand aus mehreren Stockwerken. Ein Gang über dem Torbogen, vermutlich noch aus der Zeit Kaiser Friedrichs III., führte über die Stadtmauer hinauf bis zur Schloßbergfestung. Erzherzog Karl II. ließ ihn 1590 eindecken und machte ihn so zum Geheimgang. Über der Torwölbung befand sich auf der Stadtinnenseite ein Fresko-Gemälde, das Christus auf dem Weg zum Kalvarienberg zeigt, wie er das Kreuz trägt. Bereits 1571 gestattete der Landesfürst, dass das Haus vor dem inneren Paulustor abgetragen wurde. So entstand hier ein freier Vorplatz, der heute noch nach der „Goldenen Pastete" deutlich zu erkennen ist und als Gastgarten verwendet wird.

Erzherzog Karl II. (1540–1590) von Innerösterreich

Aber bereits im 14. Jahrhundert war auch das Gebiet außerhalb des inneren Paulustors besiedelt, sodass bis zum

Das innere Paulustor war in Höhe des Palais Saurau

16. Jahrhundert eine Stadterweiterung dringend notwendig wurde. Die Befestigungsanlagen wurden nun bis zum äußersten Rand des Schloßbergs vorgeschoben, die Burg- und die Karmeliterbastei entstanden und schützten diese kaiserliche „Neustadt". Den Abschluss nach außen bildete das zwischen 1582 und 1614 errichtete äußere Paulustor, das wesentlich breiter und imposanter angelegt wurde. Damit hatte das alte innere Paulustor seine Funktion verloren und verfiel langsam, 1846 wurde es abgerissen. Das äußere Paulustor wurde von Kaiser Ferdinand II. erbaut, dem Sohn Erzherzog Karls II., der die Grazer „Neustadt" hatte errichten lassen. Zwei Marmorwappen neben dem Tor weisen auf Ferdinand und seine Gattin Maria Anna von Bayern hin. In lateinischer Sprache heißt es hier: „Von Ferdinand und Maria Anna ... ist

Marmorwappen Kaiser Ferdinands II. am äußeren Paulustor

Das äußere Paulustor

dieses Bollwerk zum Wohle des Vaterlandes, zur Abwehr der Feinde und zur immerwährenden Erinnerung an deren Namen von Grund auf errichtet worden." Der mächtige Wallbau besitzt einen stattlichen dreigeschoßigen Baukörper. Das große Durchfahrtstor wird von zwei seitlichen, etwas düsteren Durchgängen flankiert. Die östliche (äußere) Schauseite ist mit einer Rustikagliederung versehen. Von 1823 bis 1918 diente es als Militärgefängnis und wurde später in die Polizeikaserne integriert. Das äußere Paulustor steht heute noch unverändert wehrhaft da, einzig die Baumallee, die vom Tor zur Heinrichstraße führt, pflanzte man erst im 19. Jahrhundert.

Das Burgtor

Schon unter den alten Babenbergern gab es ein „Tor gegen die Grecz" etwa in der Höhe des heutigen Schauspielhauses. Mit „Grecz" meinte man den Grazbach oder den Kroisbach, die damals noch beide offen geflossen sind. Etwas später wurde das Tor an seiner heutigen Stelle errichtet. Um 1440 ließ Friedrich III. daneben zur Verstärkung der Stadtmauer die landesfürstliche Burg errichten. Etwa 100

Idyllischer Blick auf das Burgtor mit Torwachehaus vor 1850

Jahre später erhielt der schlichte Torturm einen Renaissanceaufbau samt Uhr und Glocke aufgesetzt. Deshalb hieß das Burgtor auch eine Zeit lang „Uhrtor", um 1640 bekam der Turm schließlich sein heutiges Aussehen. Das Burgtor war ab 1479 über 300 Jahre lang fest verriegelt. Zu sehr fürchtete man in Graz die dauernde Bedrohung durch Feinde aus dem Osten. Erst als Graz 1784 unter Kaiser Joseph II. zur „offenen Stadt" erklärt wurde, öffnete man wieder das Burgtor.

Seine stadtseitige Fassade ist noch ganz im gotischen Stil erhalten, während die zum Stadtpark gewandte Seite bereits im Renaissancestil erbaut ist. 2005 wurde das Tor sorgfältig restauriert und in seinen alten Proportionen wieder sichtbar gemacht.

Die meisten Grazer kennen sicherlich das Café Promenade am Rande des Stadtparks kurz vor dem Burgtor. Vielen

Einzug von Kaiser Karl VI. in die Hofkirche (heute Dom). Im Hintergrund sieht man sehr schön den später abgetragenen Verbindungstrakt zwischen Burg und Hofkirche, Kupferstich 1728

wird vielleicht schon die seltsame dorische Säulengestaltung dieses Hauses aufgefallen sein – kein Wunder, wurde es doch genau so 1837 als Torwachehaus für das Burgtor errichtet.

Das Eiserne Tor

Mit der Aufhebung des Ghettos 1438/1439 vertrieb man auch die Juden aus der Steiermark. Damals erhielt die Herrengasse – die einst Bürgergasse genannt wurde und eine Sackgasse war, weil sie vor dem Judenviertel endete – eine Öffnung nach Süden, das Eiserne Tor oder Ungartor. Dafür wurde ein kleines „Judentürlein", das zum Judenfriedhof geführt hatte, verbreitert und zu einem großen Tor ausgebaut. Im Überbau des Torturms hatten die Landstände ihre Waffenkammer untergebracht, was mit den eisenbeschlagenen Torflügeln wahrscheinlich zum Namen geführt hat. Aber Graz wurde immer größer und dehnte sich in alle Richtungen weiter aus. So begann man Mitte des 16. Jahrhunderts mit dem Bau eines zeitgemäßen Bastionengürtels zum Schutz gegen die drohende Türkengefahr. Damit wurde auch das Eiserne Tor 1574 von Baumeister Domenico dell'Allio weiter südlich am Ende der Herrengasse etwa in

Höhe der heutigen Hans-Sachs-Gasse neu erbaut. Der Name „Platz am Eisernen Tor" erinnert heute noch daran. Hier entstand ein imposanter Bau mit dreibogiger Rustikafassade – ähnlich wie das heute noch bestehende äußere Paulustor. Im Torgebäude befand sich der Polizeiarrest, in dem aufgegriffene Landstreicher ohne Pass und „dergleichen Personen" festgesetzt wurden. In der Mitte gab es ein hohes Einfahrtstor, rechts und links niedrige Türen für die Fußgänger. Zwei Stockwerke erhoben sich darüber, die stadtauswärts von einem getreppten Renaissancegiebel abgeschlossen wurden, dessen Eckpunkte mit palmblattartigen Verzierungen und Steinvasen behübscht waren. Die Stadtinnenseite war schmucklos.

Das Tor schloss an die Bastionen an, eine Holzbrücke führte über den Stadtgraben Richtung Kühtratte, wie die Wiesen südlich von Graz genannt wurden, auf denen die

Das Eiserne Tor wurde 1859/60 abgerissen, der dadurch entstandene Platz wurde nach dem eben verstorbenen Otto von Bismarck, dem „Eisernen Kanzler", benannt

Kühe der Bürger weideten. Mit „südlich von Graz" ist etwa die Gegend vom heutigen Augarten bis zur Conrad-von-Hötzendorf-Straße und von der Grazbachgasse bis zur Fröhlichgasse gemeint.

Das Eiserne Tor war stets von großer Bedeutung für Graz gewesen, denn hier zogen die Landesfürsten feierlich zu ihrer Erbhuldigung in die Stadt ein. 1859/60 wurde der nicht mehr zeitgemäße Torbau abgebrochen, da man im Zuge der geplanten Ringstraßenregulierung diesen städtischen Engpass endgültig beseitigen wollte.

Die beiden Murtore

Jahrhundertelang war das Murtor für den Handel das wichtigste Ein- und Ausfuhrtor der Stadt in Richtung Westen

Das äußere Murtor (Aquarell von Kuwasseg), 1835

Das ältere innere Murtor (Aquarell von Kuwasseg)

gewesen. Denn die Brücke, an der es lag, stellte bis 1787 die einzige Verbindung zur Murvorstadt am rechten Murufer dar. Ursprünglich war natürlich nur das ältere innere Murtor vorhanden, das die Murgasse beim heutigen Haus Nummer 9 abriegelte. Als man aber im 15. Jahrhundert die Stadtmauer murwärts durch eine Zwingeranlage verstärkte, musste ein zweites Tor, das äußere Murtor, errichtet werden. Es war ein schmuckloses, zweistöckiges Gebäude, nur wenige Schritte nach der Murbrücke, etwa dort, wo jetzt die Neutorgasse in die Murgasse einmündet. Als man 1784 die Stadtfestung auflieβ, wurden beide Tore zu einem Verkehrsproblem und 1837 im Zuge des Neubaus der Kettenbrücke abgetragen. Zwischen diesen Toren war einst der Sage nach der steirische Söldnerführer Andreas Baumkircher enthauptet worden, weil er in eine Falle seines Gegenspielers Friedrich III. geraten war, aber das ist wieder eine andere Geschichte, über die ich bereits geschrieben habe.

Die drei Sacktore

Ursprünglich war ja die Sackstraße – wie der Name schon sagt – eine Sackgasse, die an der nördlichen Stadtmauer endete. Das war etwa in Höhe des Reinerhofs am Schloßbergplatz. Dieser erste „Sack" ist der älteste, heute noch bestehende Straßenzug der Stadt und wurde bereits in der ersten Hälfte des 12. Jahrhunderts angelegt. „Der mittelalterliche Charakter der Häuser zeigt sich heute noch an den Gebäuden der Ostseite der Straße, deren Hofstätten weit nach hinten bis zum Schloßberg reichen und die für Graz so charakteristische Dachlandschaft bilden", schreiben Elke Hammer-Luza und Elisabeth Schöggl-Ernst in ihrer Broschüre „Graz im Bild. Ansichten und Einsichten". Aber Graz wurde im Laufe der Jahrhunderte immer größer. Und so wurde unter Kaiser Friedrich III. (1415–1493) im Rahmen der Stadterweiterung der sogenannte zweite Sack Richtung Norden errichtet. Dafür durchbrach man die alte Stadtmauer

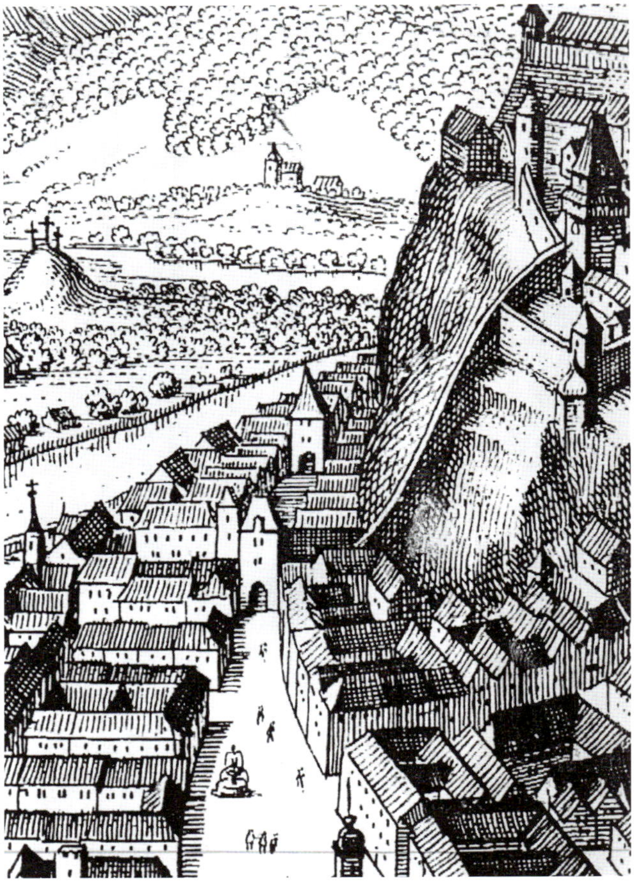

Das erste und zweite Sacktor (Kupferstich von Matthäus Merian, 1649)

und errichtete das erste Sacktor, das sich zum zweiten Sack hin öffnete. Hier siedelten sich vor allem Kleinbürger, die Lederer und Weißgerber, Kürschner und Schuster sowie ein Teil der Müller an. Dieses Stadtviertel gehörte nicht gerade zu den wohlhabendsten der Stadt und reichte bis zum Ende der heutigen Sackstraße.

Das zweite Sacktor wurde zwischen den Häusern Sackstraße 27 und 36 als Torturm mit zwei Stockwerken und rundbogiger Durchfahrt gebaut. Es stand hier bis zum Jahr

1835. Mit der dritten Stadterweiterung zu Beginn des 17. Jahrhunderts entstand auch der dritte Sack, der noch weiter nach Norden vorgeschoben wurde und bis zu den neuen Befestigungsanlagen in Höhe der heutigen Keplerbrücke reichte. Hier wurde zwischen 1621 und 1625 ein zwölf Meter hoher Turm mit einer sieben Meter langen Durchfahrt errichtet – das dritte Sacktor. Es war direkt an das Haus Schloßbergkai 60 und die dort befindliche Sackbastei angebaut. Die Gewerbetreibenden aus dem zweiten Sack übersiedelten in den neuen dritten Sack, während sich im ersten Sack viele Adelige niederließen und hier ihre schönen Palais bauten. Im dritten Sack waren die Häuser zumeist aus Holz gebaut und standen dicht aneinandergedrängt – was ein sehr hohes Risiko bei Feuergefahr bedeutete. Und wirklich wüteten 1607 und ganz besonders 1670 große Brände im Sackviertel, denen ein Großteil der Häuser zum Opfer fiel.

Drittes Sacktor um 1801, Feder laviert von Johann Wachtl

Um 1840 war das Viertel der drei Säcke das am dichtesten besiedelte Stadtgebiet von Graz. 1850 wurde das dritte Tor abgetragen, weil man an seiner Stelle das sogenannte Inquisitenhaus errichtete, ein Gefängnis. Das war bitter notwendig geworden, weil die Arrestzellen im alten Rathaus restlos überfüllt waren. Und das neue „Kriminal", wie der Bau im Volksmund bezeichnet wurde, schuf den nötigen Raum für die vielen Sträflinge. Bereits in den 80er-Jahren des 19. Jahrhunderts wurde der hässliche Bau aber schon wieder abgetragen, da er sich als Verkehrshindernis ersten Ranges erwies und weil man in der Conrad-von-Hötzendorf-Straße das neue Straflandesgericht errichtete. „Millionen von Wanzen und Flöhen wurden dabei obdachlos", heuchelte ein Chronist Mitleid.

Überhaupt hatte sich im 19. Jahrhundert das Bild der Sackstraße radikal verändert. 1835 wurde das zweite Sacktor abgetragen, 1875 wurde die Dreifaltigkeitssäule aus Verkehrsgründen vom Eingang der Sackstraße am Hauptplatz auf den Karmeliterplatz verlegt – und um 1900 folgte der schwerste Einschnitt mit der Murregulierung. Ihr fielen alle westseitigen Häuser des dritten Sacks zum Opfer.

Das Neutor

Das Leben in Graz nach 1600 war ständig von der Gefahr durch Türkeneinfälle, von Seuchen und Hungersnöten bedroht. Der Dreißigjährige Krieg (1618–1648) war in unseren Breiten zwar nicht unmittelbar zu spüren, aber durch hohe Steuerlasten und Lebensmittelknappheit litt auch Graz sehr darunter. Das Land verarmte und mit ihm die Landeshauptstadt. Da die Hauptlast der Verteidigung im Südosten des Reiches trotzdem auf der Steiermark lag, setzte man trotz aller Geldknappheit den Ausbau des Grazer Bastionengürtels fort.

Das 1883/84 abgetragene Neutor

Im Zuge dieses Ausbaus wurde 1620 im Südwesten der Stadt das Neutor errichtet. Das war notwendig geworden, weil man nun das Kälberne Viertel – das Gelände zwischen der mittelalterlichen Ringmauer und dem Murufer – in das Stadtgebiet einbezog. Etwa dort, wo sich heute Kalchberggasse und Neutorgasse kreuzen und die alte Hauptpost steht (in der neuerdings auch das AMS Graz Ost und ein Studentenheim untergebracht sind), wurde ein Tor gebaut. Vorerst klein angelegt, wurde es in der Folge zu einem mächtigen Torhaus ausgebaut, dessen zwei Stockwerke später sogar bewohnt waren. Die äußere Seite erhielt 1780/90 eine klassizistische Fassade mit Zopfdekorationen. Die stadtseitige Ansicht war reich gestaltet und besaß im Erdgeschoß drei Öffnungen: das große Tor mit dem mächtigen Rustikaportal, das kleinere mittlere Portal, das ins Innere des Torraumes führte, und ein vermauertes Scheinportal. Die dunkle Tordurchfahrt verlief aus strategischen Gründen aber nicht gerade, sondern in einer s-förmigen Krümmung und galt lange Zeit als der Schrecken aller Kinder.

Mitte des 19. Jahrhunderts muss das Neutor einen idyllischen Anblick geboten haben, da es auf beiden Seiten von Grünanlagen umgeben war. Östlich lag das öffentliche Erholungsgebiet der botanischen Gärten des Joanneums, auf der Westseite stand noch die alte Neutorbastei. Darauf befand sich der Merangarten, der seit 1853 eine beliebte „Kaffeewirtschaft" beherbergte. Um 1860 beschlossen Land und Stadt, das Joanneum um eine Landesbibliothek und ein kunsthistorisches Museum zu erweitern, wofür man aber dringend Geld benötigte. Also wurden die Gärten kurzerhand verkauft und das Neutor 1883 endgültig abgetragen. So entstanden hier die Prestigebauten der Grazer Hauptpost, des Neuen Joanneums (heute Museumsviertel) und des Justizpalastes. An das alte Neutor erinnern heute nur noch der Name der Gasse sowie ein Café und eine Apotheke.

Das Franzenstor

Zum Abschluss muss ein ganz besonderes Unikum von Tor erwähnt werden, das erst 1835 erbaut wurde – das Franzenstor. An der Ausmündung der Burggasse in den heutigen Opernring wurde es ohne jeden praktischen Nutzen errichtet. Einzig die Vorliebe des damaligen Zeitgeistes für derartige Zierbauten war dafür verantwortlich, ähnlich wie beim Wiener Burgtor an der Ringstraße.

Das Franzenstor war ein schlichter klassizistischer Torbogen, der die gesamte Breite der Burggasse abschloss und zu Ehren des „guten Kaisers Franz" benannt wurde. 1804 hatte Franz I. den erblichen Titel eines „Kaisers von Österreich" angenommen und war 1835 kurz vor dem Torbau verstorben. Doch bereits 1856 fiel dieses jüngste Grazer Tor der

Ringstraßenregulierung – und damit der modernen Zeit – zum Opfer und wurde wieder abgetragen.

Das Franzenstor, das direkt an die steirische Realschule (die spätere LOR, Landesoberrealschule) angebaut war

Wie aus einem Friedhof ein Biergarten und ein Varieté wurden

Die Geschichte des Orpheum – an dessen Stelle sich einst ein Garten in der Murvorstadt, ein Pestfriedhof, dann ein beliebtes Gasthaus mit Badeanstalt, eine populäre Bierhalle sowie schließlich ein Varietétheater und ein Kino befanden.

Weil der Friedhof der St.-Andrä-Kirche in der Murvorstadt, auf dem auch „viele lutherische Herren, Frauen und Fräulein" begraben lagen, langsam zu klein wurde, widmete die Regierung 1626 kurzerhand den riesigen Landschaftsgarten „vor dem Murthore" zum neuen Gottesacker um. Das war damals etwa der Bereich zwischen der heutigen Annenstraße, Marschallgasse und Volksgartenstraße.

Etwa um 1630 wurde mitten im neuen Friedhof ein Kirchlein zu Ehren des heiligen Georg gestiftet, um die immer wieder drohende Pest abzuwehren. Nach diesem Heiligen wurden der Friedhof und auch die später errichtete Georgigasse benannt. Hier war jetzt die Begräbnisstätte für die armen Leute der Vorstadt, denn die Protestanten waren bereits seit dem Jahr 1600 aus Graz vertrieben worden, 1655 wurden auch die Pesttoten hier bestattet. In der Totenkammer des Georgifriedhofs sollen übrigens um 1780 die ersten anatomischen Sezierversuche in Graz durchgeführt worden sein. Aber noch war es nicht so weit. Noch stand das Mesnerhaus am Anfang der heutigen Marschallgasse, die früher „Lange Gasse" und später ebenso fantasielos „Neue Gasse" hieß, bevor sie 1870 nach dem Besitzer des Hauses Nr. 22, zu dem einer der schönsten Gärten der Stadt gehörte, benannt wurde – Ludwig Freiherr von Marschall.

Unter Kaiser Joseph II. wurden, wie schon öfter berichtet, aus hygienischen Gründen alle innerstädtischen Friedhöfe aufgelassen und außerhalb der Stadt neu angelegt. So war 1786 auch das Ende des Georgifriedhofs gekommen. Die Kirche wurde versteigert und abgetragen. Doch was wurde aus dem Friedhof?

Unmittelbar anschließend hatte damals der Gastwirt und Baumeister Wolfgang Ott, vulgo Wenzelwirt, ein Haus. Er kaufte nun das gesamte Areal, auf dem er im selben Jahr noch einen Gastbetrieb mit schönem Gastgarten errichten

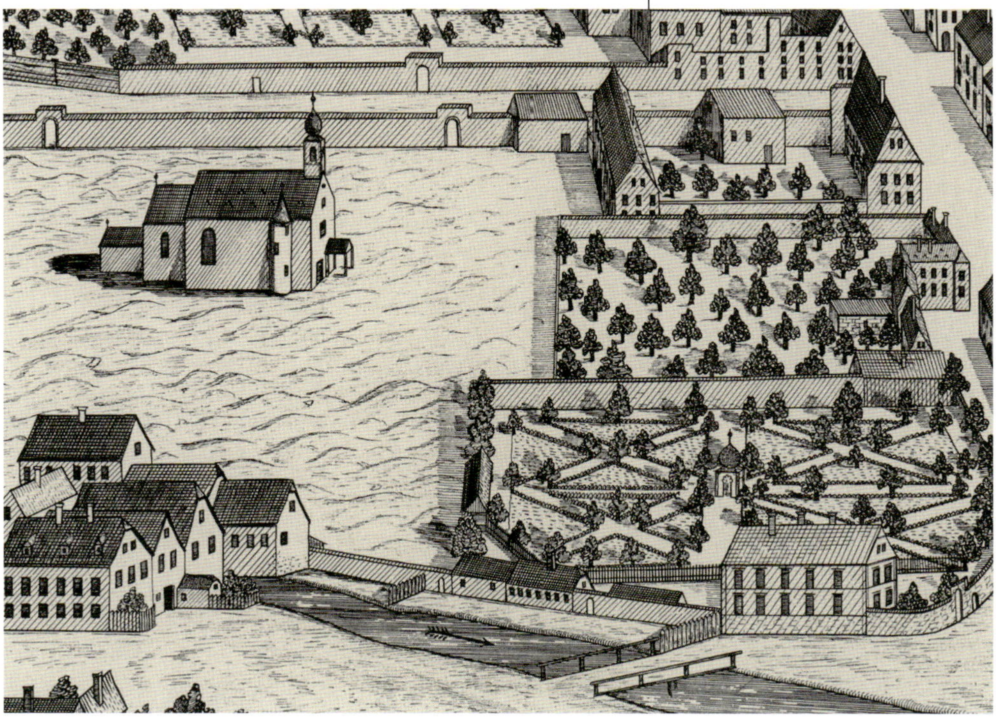

Das Georgikircherl auf dem neuen Friedhof um 1630

Werbung für den Jongleur Kara um 1903

ließ – sozusagen direkt auf den alten Gräbern. Die Konkurrenz lachte darüber, doch das Geschäft florierte und das Gasthaus erfreute sich so großer Beliebtheit, dass Ott expandierte. 1823 eröffnete er in seinem alten Haus, das direkt am Mühlgang lag, das „Carolinenbad", in dem warme und kalte Bäder, ja auch Schwefel- und Stahlbäder angeboten wurden. Dazu konnte man in seinem schönen Gastgarten köstlich essen und trinken. Die Grazer Bevölkerung war begeistert. Nach dem Tode Otts kam die Gaststätte samt Bad in den Besitz von Franz Hold, der schon die Puntigamer Brauerei gegründet hatte. Kein Wunder, dass das Etablissement 1867 den Namen „Puntigamer Bierhalle" erhielt und ein beliebtes Ausflugsziel der unternehmungslustigen Murvorstädter wurde. Diese Bierhalle wurde aber auch ein wichtiger Versammlungsort der sozialdemokratischen Arbeiterschaft. Und 1882 wurde hier der „Grazer Bicycle Club" gegründet – der erste Radsportverein in der Steiermark.

Alles ganz anders wurde erst in den Jahren 1898/99. Aus der Bierhalle wurde etwas, was es bisher in Graz nicht gegeben hatte – ein Varietétheater. Sozusagen ein Volkstheater für die Murvorstadt als Gegenstück zum zeitgleich errichteten Opernhaus in der Innenstadt. Das Gebäude wurde in seiner heutigen Form nach den Plänen von Friedrich Hoffmann ausgebaut und als „Orpheum" eröffnet. Hier traten Künstler der leichten Muse auf, Artisten, Tänzerinnen, Kabarettisten, Zauberer. Besonders die Vorführung neuer Tänze, wie beispielsweise des „Cakewalk" im Jahr 1903, brachten dem Haus viel Renommee und waren der Beginn einer eigenständigen Grazer Jazzkultur. Bis zu 1000 Besucher fanden hier Platz, 1905 wurde auch eine Sommerbühne errichtet, die über 540 Sitzplätze verfügte. Jetzt wurden im Orpheum Operetten, Singspiele und Freiluftkonzerte aufgeführt. Doch nach dem Ersten Weltkrieg schlug die Stunde der ersten Kinos und das Orpheum hatte wegen der schlechten Wirtschaftslage gegen die neue Konkurrenz keine Chance, 1936 musste es nach mehreren Besitzerwechseln als Varieté geschlossen werden. 1944 wurde das Gebäude durch Bombentreffer zerstört, nach dem Krieg aber wieder aufgebaut und ab 1951 jahrelang als Kino betrieben. In der Aktion „Der gute Film" sahen hier noch in den späten 60er-Jahren jeden Sonntagvormittag viele Schüler der Grazer Mittelschulen Filme mit dem Prädikat „sehenswert". 1971 wurde auch der Kinobetrieb geschlossen. Bald war die Zeit reif für das „Haus der Jugend", in dem Ende der 70er-Jahre das „Open House" des steirischen herbstes mit seinem attraktiven Programm, das von Kabarett bis Jazz, von Zirkusaufführungen bis zu Chansons reichte, große Erfolge feierte und damit fast wieder zu den Wurzeln des alten Orpheums zurückkehrte. Seit 1985 wird der Veranstaltungsort wieder Orpheum genannt und als Kulturzentrum des Kulturamtes der Stadt Graz geführt, in dem nun Pop- und Rockkonzerte, Kabarettprogramme und Kleintheater aufgeführt werden.

Aufführung des Modetanzes „Cakewalk" um 1905

Das Varietétheater Orpheum um 1900

Wie es früher einmal war am Rosenhain

Im September 2012 wurde durch Bürgerproteste ein allzu modischer Umbau des Cafés Rosenhain verhindert. Doch wie hat es dort früher ausgesehen, wie hat alles begonnen?

Die Kaffee- und Milchtrinkhalle am Rosenhain – so nostalgisch hieß einst das Restaurant-Café in der Vorkriegszeit

Im September 2012 kam es in Graz zu heftigen Bürgerprotesten gegen die geplante Umgestaltung des beliebten Cafés Rosenhain zu einem mondänen Restaurant. Bürgermeister Siegfried Nagl ordnete schließlich doch ein Mitspracherecht der Bürger an. Gut organisierte Proteste zahlen sich offensichtlich aus, denn nun soll das „Rosenhain"

Das Wirtschaftshaus wurde 1929 ein Pensionistenheim

seinen alten Charme bewahren dürfen und als „Retro-Café" geführt werden. Höchste Zeit für einen Blick zurück, wie es am Rosenhain früher ausgesehen hat.

Die Entwicklung des Rosenbergs, wie der Hügel im Bezirk Geidorf bis 1783 genannt wurde, ist eng mit der Geschichte des Jesuitenordens in Graz verbunden. Dieser war 1572 von Erzherzog Karl II. ins Land gerufen worden, um ein Gegengewicht zu den sich immer weiter ausbreitenden Lutheranern zu bilden. Noch im 16. Jahrhundert errichteten die Jesuiten am Fuße des Rosenbergs ein Erholungsheim für ihre Ordensmitglieder und Zöglinge, das heute noch als öde Ruine zu sehen ist. Zu Pestzeiten diente dieses Refektorium auch als Zufluchtsort für Priester und Schüler. Im Laufe der Zeit erwarb der Jesuitenorden immer mehr Grundstücke am Rosenberg und 1745 auch den „Rosenhof", einen alten Edelsitz mit Burgfried.

Das Sommerrefektorium am Rosenhain um 1900

Als 1773 der Orden aufgehoben wurde, fiel der gesamte Besitz an den Staat. 1781 wurde der „Meierhof am Rosenberg" von Landeshauptmann Graf Ferdinand Attems ersteigert, der sein Eigentum als „Rosenhayn" eintragen ließ. Genau 100 Jahre später kaufte der Algersdorfer Stearinkerzenfabrikant Johann Hofmann diesen Rosenhain, den er 1897 seiner Tochter Maria und diese später wiederum ihrer Tochter Maria, verehelichte Weiß, vererbte. „Mein Großvater Weiß war Musiklehrer", erzählt Gerd Weiß, Enkel der letzten Besitzerin, „und hat in die reiche Familie des Notars Dr. Prechlmacher hineingeheiratet. Seine Braut Maria war bei ihrer Heirat das reichste nicht adelige Mädchen der Steiermark."

Dieser Herr Weiß, schildert der Enkel, war übrigens der Musiklehrer des berühmten Grazer Dirigenten Karl Böhm, hat dessen Musiktalent entdeckt und gefördert – ganz gegen den Willen von Böhms Vater, der Rechtsanwalt war und für seinen Sohn viel lieber eine Juristenlaufbahn gesehen hätte.

Am 28. Dezember 1928 verkaufte schließlich Maria Weiß fast ihren gesamten Besitz am Rosenhain samt Wildgehege und drei Teichen mit einer Gesamtfläche von 260.000 Quadratmetern an die Stadtgemeinde Graz, „um diese Liegenschaft als Waldgürtel und Naturschutzgebiet ... und für Fürsorgezwecke für die Öffentlichkeit zu erhalten", wie es im Kaufvertrag ausdrücklich heißt.

Und so geschah es auch: Im alten Wirtschaftshaus wurde ein Teil des Städtischen Altersheimes untergebracht, eine Freiluftschule entstand ebenso wie eine Spielwiese, aus der Scheune wurde eine Tagesheimstätte für Kinder. Nur das alte Klostergebäude am Fuße des Rosenhains blieb ein Sorgenkind und verfiel langsam.

Als begnadeter Grazkenner berichtet Gerd Weiß, dass einst schon Peter Rosegger gerne in der strohgedeckten

Das alte Winzerhaus mit dem Welschriesling-Weingarten um 1900

Der Gastgarten der Milchtrinkhalle war ein beliebtes Ausflugsziel der Grazer

„Einsiedelei" seiner Urgroßmutter gesessen ist und geschrieben hat. „Das Gärtnerhaus existiert heute noch", erzählt er, „es ist das schmale, hohe Haus direkt neben dem Parkplatz vor dem Café Rosenhain."

Und aus dem alten Winzerhaus hoch über dem Weingarten machte man ein Restaurant, das 1976 abgebrannt ist. Um dessen Nachfolgebau und was daraus werden sollte, entbrannte 2012 der Streit.

Hier wurde Nestroy zum Star

Der beliebte Schauspieler und Dichter Johann Nestroy aus Wien reifte in Graz zum Komiker-Star. Hier wurde auch sein erstes Theaterstück aufgeführt, hier ging er in Pension und starb in seinem Haus in der Elisabethstraße.

Wer durch die Elisabethstraße geht und vor dem Haus mit der Nummer 14 den Kopf hebt, findet über der Eingangstür eine Tafel angebracht, die daran erinnert, dass hier am 25. Mai 1862 der berühmte Schauspieler und Dichter Johann Nepomuk Nestroy verstorben ist.

Doch Nestroy hat sich in der Pensionopolis Graz nicht nur zur Ruhe gesetzt, um zu sterben. Der große Satiriker war

Schauspieler, Theaterdirektor und Dichter – Johann N. Nestroy

der steirischen Hauptstadt sein ganzes Leben lang innig verbunden. Kein Wunder, ist er doch hier zum großen Komiker gereift, wurde hier sein erstes Theaterstück aufgeführt, hat er hier seine Frau kennengelernt und viele Freunde gehabt. Doch alles schön der Reihe nach.

Der 1801 in Wien geborene Johann Nepomuk Nestroy begann neben seinem nie abgeschlossenen Jusstudium schon früh, Theaterstücke zu schreiben, und trat in Wien, Amsterdam und Brünn als Opernsänger und Schauspieler auf. 1826 verhandelte er in Preßburg mit dem Theaterdirektor August Stöger, der gleichzeitig die Bühnen in Preßburg und Graz leitete (siehe auch das erste Kapitel „Das Theater brennt"). Am 15. Mai unterzeichneten beide einen Vertrag, der vorläufig für ein Jahr galt, vor allem für Graz gedacht war und Nestroy 3000 Gulden einbrachte. Also zog Nestroy mit Frau Wilhelmine und Söhnchen Gustav nach Graz, wo er bereits am 23. Mai in Rossinis „Barbier von Sevilla" auftrat. Erste Grazer Kritiken nannten ihn „ein brauchbares und begabtes Mitglied des Theaters", reagierten aber auf sein Engagement ohne besonderen Enthusiasmus. In den Jahren

Komische Oper.

Herr Nestroy als Figaro.

Heute Dienstag den 23. May 1826

wird in dem ständischen Schauspielhause aufgeführt:

Der Barbier von Sevilla.

Komische Oper nach dem Italienischen frey bearbeitet von Kollmann.

Musik von Rossini.

Personen:

Graf Almaviva,	Hr. Pohl.
Bartolo, Arzt,	Hr. Krebs.
Rosine, seine reiche Mündel,	Dlle. Beisteiner.
Basilio, Musikmeister,	Hr. Hoffmann.
Bertha, Kammermädchen,	Mad. Weiß.
Figaro, Barbier,	Hr. Nestroy,
Fiorillo, Diener des Grafen,	Hr. Mayer.
Ein Hauptmann der Algnazils,	Hr. Stonaczeck.
Ein Notar. Musiker. Soldaten.	

Die Handlung spielt in Sevilla.

Herr Nestroy wird die Ehre haben, in oben angezeigter Rolle zum ersten Mahle als Gast aufzutreten.

Die erste Arie des Almaviva, und dann die Arie der Rosine, werden von Dlle. Beisteiner und Herrn Pohl in italienischer Sprache vorgetragen werden.

Im zweyten Aufzuge wird Dlle. Beisteiner die beliebte Arie der Mad. Fodor vorzutragen die Ehre haben.

Der Anfang ist um halb 7 Uhr. Ende vor 9 Uhr.

Nestroy debütierte als Figaro in Rossinis „Barbier von Sevilla" in Graz

bis 1831 verkörperte Nestroy in Graz 76 Opernrollen und 143 Sprechrollen. Er spielte einfach alles – vom Longimanus in Raimunds „Der Diamant des Geisterkönigs" über den Geist von Hamlets Vater in Shakespeares „Hamlet" bis zum Just in Lessings „Minna von Barnhelm". Triumphale Erfolge feierte er aber ab 1827 als Sansquartier in „Zwölf Mädchen in Uniform" von Louis Angely. Diese Rolle war Nestroys Durchbruch zu seiner schauspielerischen Eigenart als Komödiant. Als Vorspiel zu diesem umjubelten Theaterstück wurde „eine Kleinigkeit" vorangestellt: „‚Der Zettelträger Papp' eingerichtet von Herrn Nestroy, dem Publikum von Seite seines Witzes, durch manchen guten Einfall vorteilhaft bekannt", wie die Grazer Zeitung „Der Aufmerksame" vermeldete. Es war Nestroys erstes Stück, das hier uraufgeführt wurde. Doch im selben Jahr seines Durchbruchs erlebte der Künstler privat einen Tiefschlag. Seine Frau Wilhelmine verließ ihn und ihren dreijährigen Sohn wegen einer Affäre mit dem Grafen Batthyany.

1828 schrieb Nestroy in Graz sein erstes abendfüllendes Historiendrama „Friedrich, Prinz von Korsika", das aber erst 1841 unter dem Titel „Rudolf, Prinz von Korsika" aufgeführt wurde. Und noch etwas schrieb Nestroy seit Jahresbeginn: ein Verzeichnis aller Theaterrollen der Marie Weiler, einer 19-jährigen Sängerin am Grazer Theater. Vermutlich war sie zu dieser Zeit bereits die Lebensgefährtin des vereinsamten Schauspielers mit Kind. Zeit seines Lebens hat Nestroy die eher unattraktive und nur mäßig begabte Schauspielerin als „die Frau" bezeichnet. Aber durch ihre menschlichen und geschäftlichen Qualitäten wurde sie für Nestroy absolut unentbehrlich, schreibt Renate Wagner in ihrer Dokumentation „Nestroy zum Nachschlagen". Marie Weiler übernahm die Mutterrolle für Gustav, schaukelte den Haushalt für Nestroy, hielt sein Geld zusammen, das er mit leichter Hand aus dem Fenster warf, gebar ihm zwei Kinder und erduldete all seine zahlreichen Frauengeschichten.

Nestroys untreue Frau Wilhelmine musste später übrigens unterschreiben, dass sie „bei der im Jahre 1827 geschehenen Trennung nicht von Herrn Nestroy aus dem Haus gewiesen wurde, sondern eines mit einem damals in Grätz befindlichen Grafen Batthyany unterhaltenen Liebesverhältnisses wegen entwichen" sei. Aber das half alles nichts. Zwar wurde die Ehe gerichtlich geschieden, aber Nestroy konnte seine Marie Weiler dennoch nicht heiraten, da es im k. k. Österreich die standesamtliche Ehe noch nicht gab und der katholisch Getraute sich nicht ein weiteres Mal verheiraten durfte.

Nestroy war in Graz zum großen Komiker gereift und konnte nun ab 1831 in Wien Fuß fassen, wo er bald schon ans Theater in der Leopoldstadt, das spätere „Carltheater", engagiert wurde. 1854 wurde er sogar Leiter dieses Theaters. Der geniale Satiriker war Theatermensch durch und durch. Es heißt sogar, dass Nestroy fast jeden Abend seines Lebens im Theater verbracht hat – wenn er nicht selbst spielte, dann eben als Theaterdirektor oder als Zuschauer. Nestroy feierte nach wie vor riesige Erfolge – als Dichter von „Lumpazivagabundus", „Einen Jux will er sich machen" oder „Der Talisman" ebenso wie als Schauspieler. Doch seine Kritiker bekrittelten immer häufiger, dass er geradezu am Souffleurkasten klebe und es ihm mit seinen 59 Jahren an Wendigkeit auf der Bühne fehle. Auch als Direktor hatte Nestroy in Wien keine gute Nachrede, da er stets auf bloße Unterhaltung fürs Publikum gesetzt hatte. Wen wundert's, dass seine Sehnsucht nach Graz immer größer wurde. 1860 beauftragte er einen Freund, in Graz ein Haus für ihn und seine Familie zu kaufen. Dieser fand das Haus Elisabethstraße Nr. 14 für Nestroys Pensionszeit passend. Doch der Preis von 20.000 Gulden schreckte ihn ab. Aber Nestroy telegraphierte umgehend zurück: „Überglücklich! Freue mich wie ein Kind! Was Dir gefällt, gefällt uns auch!" Und überwies sofort den gesamten Kaufbetrag. Im November 1860 übersiedelte Nestroy mit seiner Frau nach Graz, wo er „bürgerlich" lebte. Sehr oft traf er

Nestroy (links) als Knieriem in „Lumpazivagabundus"

1860 kaufte Nestroy das Haus Elisabethstraße 14 und übersiedelte mit seiner Familie nach Graz

seinen Freund Karl Remmark, den Direktor des Schauspielhauses. In Briefen schilderte er seinen neuen Alltag: „Morgentee, Friseur, Zeitungen lesen, Spaziergang, um Appetit zu bekommen, im Leonharder Wald oder auf dem Schloßberg, nachmittags Spielpartie im Kaffeehaus, abends Theater", wo er eine Loge abonniert hatte.

Immer wieder auch machte Nestroy Gastspiele und trat im Grazer Schauspielhaus auf. Nestroys letzte Rolle hier war die des Pitzl in seiner eigenen Posse „Umsonst". Und die letzten Worte, die Nestroy am 29. April 1862 im ausverkauften Haus auf der Bühne sprach, waren: „Rein umsonst." Vier Wochen später, am 23. Mai, starb Johann Nepomuk Nestroy an den Folgen eines Schlaganfalls in den Armen seiner Marie. Da er aber beständig in panischer Angst gelebt hatte, lebendig begraben zu werden, wurde er drei Tage lang im offenen Sarg aufgebahrt. Sicher ist sicher. Dann wurde sein Leichnam nach Wien überführt, wo er unter großer Anteilnahme der Bevölkerung am Währinger Friedhof beigesetzt wurde. Später erhielt der große Volksschauspieler, der zeitlebens an die 900 verschiedene Rollen verkörpert hatte, ein Ehrengrab der Stadt Wien am Zentralfriedhof.

Die Kaiserhochzeit zu Grätz

1673 fand die einzige Kaiserhochzeit in Graz statt. Leopold I., von den Wienern liebevoll „Türkenpoldl" genannt, heiratete Claudia Felicitas, die Tochter des Tiroler Erzherzogs – und 14 Tage lang jagte ein Fest das andere.

Sogar das Wetter war gnädig und bescherte Graz einen herrlich milden Altweibersommer, als der römisch-deutsche Kaiser Leopold I. – von den Wienern wegen seines Sieges über die Osmanen liebevoll „Türkenpoldl" genannt – im Oktober 1673 in der Residenzstadt Innerösterreichs zur Hochzeit schritt.

Der Monarch war jetzt 33 Jahre alt und Witwer. Seine erste Frau Margarita Teresa, die Tochter König Philipps II. von Spanien, die gleichzeitig Leopolds Nichte und Cousine

Linkes Bild: Kaiser Leopold. Rechtes Bild: Kaiserin Claudia Felicitas (1653–1676) starb mit 23 Jahren an Tuberkulose. Ihr Herz liegt in der Kaisergruft begraben

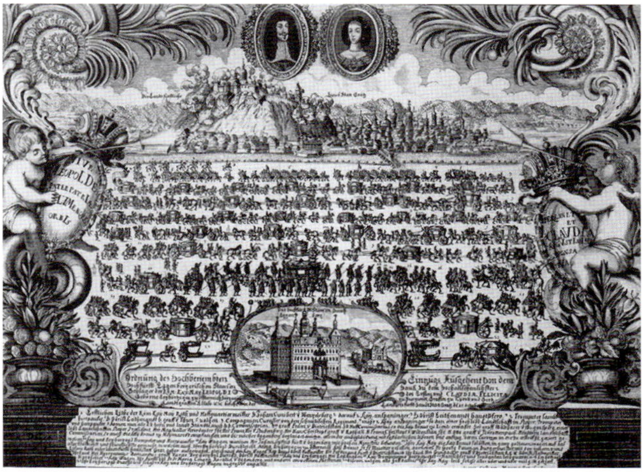

Aus 90 sechsspännigen Kutschen bestand der kaiserliche Hochzeitszug

war, war bereits mit 22 Jahren während ihrer fünften Schwangerschaft gestorben. Sieben Jahre nach ihrem Tod wählte Leopold nun die kunstsinnige und Pracht liebende Claudia Felicitas (1653–1676) zur Frau, die Tochter von Erzherzog Ferdinand Karl von Tirol.

Seit Ende August schon war die Hofkammer in Graz mit den vielfältigen Vorbereitungen dazu voll beschäftigt. Die Landstände oder Landschaften, auch Landtag genannt (das waren Ständeversammlungen, zusammengesetzt aus den Prälaten, Herren und Rittern sowie den Vertretern der Städte und Märkte), hatten 80.000 Gulden als Hochzeitsgeschenk bewilligt, schreibt Fritz Popelka in seiner „Geschichte der Stadt Graz". Der Kaiser wurde bei seiner Ankunft im St. Gottharder Schlössl bei Andritz, wo das Mittagessen eingenommen wurde, durch Freudenschüsse von den Kanonen des Schloßbergs begrüßt.

Am 13. Oktober traf auch die kaiserliche Braut von Innsbruck kommend ein. Leopold fuhr ihr bis Gratwein entgegen und Claudia Felicitas bezog das Schloss Eggenberg. Denn Leopold I. hatte dem jungen Fürsten Johann Seyfried von

Begrüßungsinschrift für die kaiserliche Braut über dem Schlossportal

Eggenberg die Auszeichnung gewährt, in seiner prächtigen und nagelneuen Residenz Gastgeber der Braut zu sein. Johann Seyfried scheute weder Kosten noch Mühen, um die 18-jährige Claudia und ihre Mutter, Anna de Medici, in den Tagen vor der Trauung entsprechend zu verwöhnen. Am Schlossportal ließ er sogar die Inschrift „AVE CLAUDIA IMPERATRIX" zur Begrüßung anbringen, die dort heute noch zu sehen ist.

Die Mauern des großen Parks von Schloss Eggenberg waren mit kostbaren Gobelins behangen, deren Stickwerk aus schwerem Gold und Silber bestand. Der Eingang zum Schloss war mit teuren Teppichen belegt. Die vornehmen Gäste bezogen natürlich die prachtvoll ausgestatteten Zimmer der neuen Beletage. Das Brautgemach prunkte in purpurrotem Samt, die Tapeten waren aus Gold- und Silberstoff. Doch mit den wirtschaftlichen Folgen seiner Großzügigkeit hatte der Eggenberger danach noch lange zu kämpfen.

Die Trauung war für Sonntag, den 15. Oktober, in der Grazer Hofkirche zu St. Ägydi, dem heutigen Dom, angesetzt. Der Hochzeitszug bestand aus 90 sechsspännigen Kutschen. Die kaiserliche Braut saß mit ihrer Mutter in einem offenen Wagen, der von sechs Schimmeln gezogen wurde und dessen Räder mit Gold und Silber beschlagen waren. Ihr Brautkleid bestand aus feinem, mit Perlen und Edelsteinen besticktem Goldstoff. „Zu beiden Seiten des Brautwagens schritten die kaiserlichen Trabanten und alle Grazer Ratsherren, der Bürgermeister Georg Baumann an der Spitze; dann ritt das Hofgesinde und die Leibgarde, die Herrschaftskaleschen machten den Beschluß", berichtet Popelka blumig.

Die Trauung wurde in Anwesenheit des päpstlichen Nuntius und von 18 Bischöfen und Äbten feierlich vollzogen. Danach ging der Zug die kurze Strecke zur Hochzeitstafel in die Burg schräg gegenüber. „Die Pracht der Hoftafel in der

Burg setzte alle Zuseher in Erstaunen", heißt es. Da die Jesuiten gerade in diesem Jahr das 100-jährige Bestehen ihres Ordens in Graz feierten, verbanden sie ihre Feier gleich mit der Vermählung des Kaisers und führten das pompöse Festspiel „Cyrus felix et gloriosus" auf. Ein echtes Barocktheaterstück, das am 25. und 26. Oktober je vier Stunden lang gespielt wurde. Die Ausstattung war unerhört reich und kostete an die 100.000 Gulden – eine Summe, die seither wohl nie wieder für ein Theaterstück in der Steiermark ausgegeben wurde.

Nur dreieinhalb Jahre dauerte die glückliche Ehe des Kaisers mit Claudia Felcitas von Tirol

Aber auch die nicht hochadelige Grazer Bevölkerung hatte an diesem Hochzeitstag des Kaisers einen Grund zum Feiern: Ihr wurde nicht nur ein außergewöhnliches Spektakel geboten, sondern auch Speis und Trank. Denn jeder „Vermöglichere" gab ein üppiges Gastmahl, zu dem er die Ärmeren der Stadt einlud.

Kaiser Leopolds drei Frauen

Der Habsburgerkaiser Leopold I. (1640–1705) heiratete in erster Ehe 1666 seine Nichte und Cousine Margarita Teresa von Spanien. Aus dieser Ehe gingen vier Kinder hervor, von denen drei innerhalb des ersten Lebensjahres starben. In zweiter Ehe heiratete er 1673 in Graz seine Cousine zweiten Grades Claudia Felicitas von Österreich-Tirol (1653–1676), die mit 23 Jahren an Tuberkulose starb. Aus dieser Ehe gingen zwei Kinder hervor, die beide innerhalb ihres ersten Lebensjahres starben. In dritter Ehe heiratete Leopold I. in Passau Eleonore von Pfalz-Neuburg, die Tochter von Kurfürst Philipp Wilhelm. Aus dieser Ehe gingen zehn Kinder hervor. Der älteste Sohn Joseph wurde Nachfolger des Kaisers.

Die Stadtmauer

Seit dem frühen 13. Jahrhundert war Graz von einer Ringmauer umgeben, die bei jeder Erweiterung nach außen verschoben wurde. Ab 1544 wurde die Stadt zur uneinnehmbaren Renaissancefestung ausgebaut.

Immer wieder fragen mich Leser, wann ich über die alte Stadtmauer und ihren Verlauf berichten werde. Jetzt ist es so weit – aber es ist keine völlig klare Angelegenheit, weil man rückblickend nur schwer zwischen den Befestigungsanlagen des 13., 14. und 15. Jahrhunderts unterscheiden kann. Denn im Laufe der Zeit dehnte sich die Stadt immer weiter aus und dementsprechend wurde auch die Stadtmauer dauernd erweitert. So lange, bis 1544 gewaltige Renaissancebollwerke die mittelalterliche Ringmauer ersetzten.

Mittelalterliche Ansicht von Graz

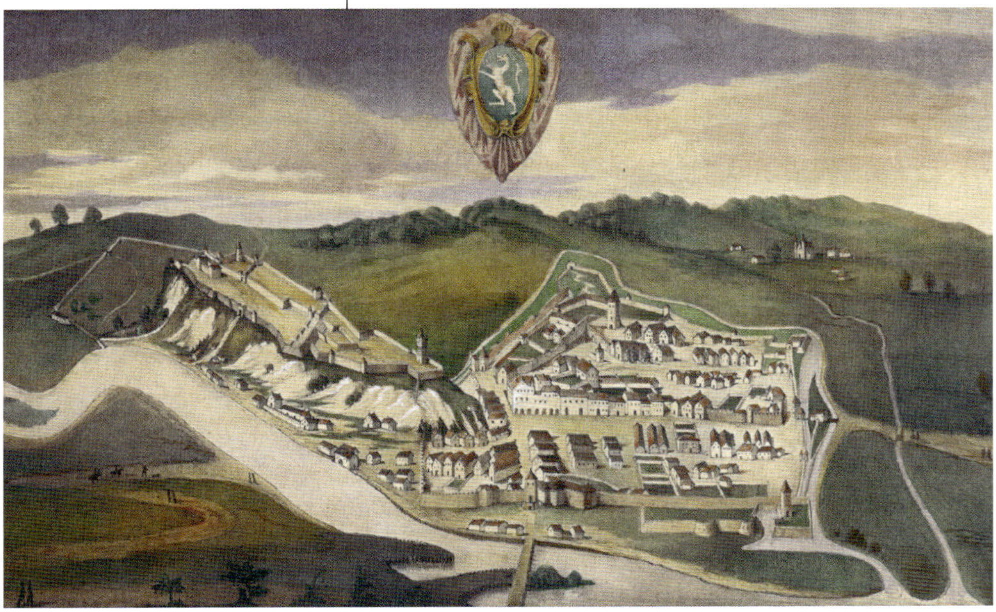

Die älteste bekannte Siedlung in Graz entstand wahrscheinlich am Fuße des Schloßbergs direkt am uralten Handelsweg, der über eine Furt die Mur überquerte und durch die heutige Mur- und Sporgasse nach Osten führte. Dieser Weg zweigte von der alten Römerstraße ab, die in nord-südlicher Richtung am Westrand des Grazer Beckens verlief. Im Raum Murgasse, erster Sack, Sporgasse, Hofgasse, Prokopi- und Pomeranzengasse bis zum heutigen Hauptplatz, der damals noch verbaut war, befand sich die früheste Marktsiedlung. Erst die babenbergische Stadterweiterung im frühen 13. Jahrhundert vergrößerte Graz um fast zwei Drittel und fasste die Stadt mit einer Ringmauer ein.

Gesichert ist der Verlauf der Stadtmauer an der Westseite des Schloßbergs zwischen Uhrturm und Schloßbergplatz. Denn direkt neben dem Kriegssteig auf den Schloßberg ist sie heute noch zu sehen. Auf halber Höhe öffnet sich rechts ein Torbogen in einer Mauer und führt in den Herbersteingarten. Diese dicht überwachsene Mauer ist der letzte längere Rest der mittelalterlichen Grazer Stadtmauer.

Die Reste der mittelalterlichen Stadtmauer sind auf dem Schloßberg beim Eingang zum Herbersteingarten noch sehr deutlich zu sehen (beide Bilder)

Steil führte sie den Berg hinunter zum Reinerhof, dem ältesten urkundlich erwähnten und noch erhaltenen Gebäude von Graz (1164). Die 1992/94 vorgenommenen Grabungen haben eine Stärke der Mauer von 1,4 Metern belegt. Ihre Höhe lässt sich durch die im Reinerhof in Resten vorhandenen Schießscharten mit etwa fünf Metern festlegen, berichtet Leopold Toifl in Band 1 der „Geschichte der Stadt Graz". Ohne Tor schloss hier die Stadtmauer die Sackstraße ab – daher auch der Name. Erst im 14. Jahrhundert baute man hier einen Turm samt Tor – das erste Sacktor, zwei weitere sollten später folgen. Bis zum Admonterhof (heute K&Ö) ging der Mauerverlauf, führte dann schräg die Mur entlang bis zur Murgasse. In Höhe der Häuser Murgasse 9 und 12 wurde die Ringmauer durch das (innere) Murtor unterbrochen und setzte sich dann bis zum Minoritenkloster (heute

Franziskanerkloster) fort. Der älteste Klosterteil schloss direkt an die Mauer an, die weiter über die Albrechtgasse und den ehemaligen Stainzerhof in die Raubergasse führte.

Das südliche Stadtende war mit dem Reckturm erreicht, der an der heutigen Straßenecke Kalchberggasse/Raubergasse stand und Wehr- und Gefängnisturm in einem war. Hier bog die Stadtmauer nach Osten und verlief an der Stelle des heutigen Amtshauses quer über die Schmiedgasse (im Straßenbelag durch Pflastersteine deutlich gekennzeichnet) parallel zur Stubenberggasse bis zur Herrengasse, die damals noch Bürgergasse genannt wurde. Hier befand sich das Judenviertel der Stadt und die Mauer wurde durch ein „Judentürlein" durchbrochen, das auf den Judenfriedhof vor der Stadt führte – etwa zwischen dem heutigen Platz am Eisernen Tor und dem Jakominiplatz. Entlang der heutigen Hans-Sachs-Gasse führte dann die Stadtmauer zum alten Dominikanerinnenkloster, deren Nachfolgebau heute das Akademische Gymnasium ist.

Ganz schwierig wird die Darstellung der mittelalterlichen Stadtmauer im Osten von Graz, weil hier verschiedene Theorien im Widerspruch zueinander stehen. Wahrscheinlich spiegeln sie aber nur unterschiedliche Phasen der Stadterweiterung wider: Über die heutige Bürgergasse verlief die Ringmauer zum Dom (früher Ägydikirche), der nach der einen Meinung außerhalb, nach anderer Auffassung aber schon von Beginn an innerhalb der Stadtmauer lag. Von dort weiter zu einem Stadtturm, der den Schreibhof beherbergte (das spätere Vizedomhaus) und am oberen Ende des heutigen Freiheitsplatzes lag. Von dort über die Ballhausgasse zum inneren Paulustor, dann den Schloßberg hinauf bis zum Uhrturm. Hier schloss sich der Kreis der Ringmauer im wahrsten Sinn des Wortes. Denn nach Fritz Popelkas zweibändiger „Geschichte der Stadt Graz" war die Grazer Ringmauer – wie bei den meisten Städten des Deutschen Rei-

Der Kupferstich von Lorenz van de Sype und Wenzel Hollar (1635) zeigt die wuchtige Wehrhaftigkeit der neuen Grazer Stadtbefestigung

ches – aus Kostengründen nahezu kreisförmig angelegt. Dass Klöster, Kirchen und Burgen direkt in die Stadtmauer einbezogen wurden, war für Popelka ebenfalls ganz klar. Denn diese Gebäude waren damals bereits aus festem Stein errichtet und konnten zur Abwehr dienen, alle anderen Häuser waren aus Holz gezimmert. Zwischen der Grazer Stadtmauer und der ersten Häuserreihe befand sich eine sogenannte Reiche (Zwischenraum) von sechs bis sieben Meter Breite, die nicht verbaut werden durfte. An der Innenseite der Mauer war ein hölzerner Wehrgang angebracht, der in Kriegszeiten zur Verteidigung und in Friedenszeiten für die Wachgänge diente. „Der höchste Wachturm der Stadtbefestigung stand auf der Höhe des St. Paulsberges, wie man früher die südliche Rückfallskuppe des Schloßberges benannte", schreibt Popelka. Er meint damit den Uhrturm, der seit 1265 im Besitz der Bürgerschaft war und den besten Überblick über die Stadt bot. Er diente nicht nur als

Wachturm, sondern auch als Feuermeldestation, überdies verkündeten seine Glocke und das seit 1591 installierte „steirische Horn" das Auf- und Zusperren der Stadttore.

Bereits im Mittelalter wurden vor der Stadtmauer Höfe errichtet, die langsam zu Vorstädten heranwuchsen. Doch immer wenn Gefahr durch feindliche Truppen drohte, wurden diese Häuser wieder zerstört, um bessere Sicht zu haben und den Feinden keinen Unterschlupf zu bieten.

Große Veränderungen bahnten sich im Laufe des 16. Jahrhunderts an, als der Zustand der alten Stadtmauer immer schlechter wurde und sich gleichzeitig die türkischen Einfälle ins Land häuften. Jetzt war die Not so groß, dass König Ferdinand I. am 10. Juli 1544 sogar 3000 Gulden für den Ausbau der Grazer Stadt- und Schloßbergfestung bewilligte. Das war zwar nur ein Tropfen auf den heißen Stein, aber immerhin ein Anfang. Denn schon 1529 hatte der Herrscher persönlich erleben müssen, dass nur dank der starken Stadtbefestigung Wiens ein türkischer Angriff abgewehrt werden konnte. Nun sollte auch Graz zu einem unüberwindbaren Bollwerk der Christenheit an der Südostgrenze des Reiches ausgebaut werden. Die mittelalterlichen geraden Steinmauern wurden zu einer Renaissancefestung mit vorspringenden Bastionen und Kurtinen umgebaut, die Gräben verliefen im Zickzack, die neuen Wehranlagen hatten Winkel, um die eigenen Flanken besser sichern zu können. Auf den Bastionen war nun endlich genug Platz, um mehrere Geschütze aufstellen und so die eigene Feuerkraft vervielfachen zu können. Die Gesamtleitung über den Festungsbau lag in Händen des bekannten Baumeisters Domenico dell'Allio – von 1545 bis zu seinem Tod im Jahr 1563. Auf ihn gehen Stallbastei, Bürgerbastei I und II, Grillbühelbastei und die alte Burgbastei zurück. Die Architekten, Baumeister, Poliere und auch Maurermeister waren großteils Italiener, die niedrigen Angestellten, Arbeiter, Handwerker und Taglöhner, die die eigentliche Schwerarbeit leisten mussten, waren zumeist aus Graz oder der näheren Umgebung – etwa zehn Prozent von ihnen waren Frauen, berichtet Leopold Toifl.

Während dieser Zeit des Festungsausbaus blühte die Stadt wirtschaftlich auf. Die Gastwirte, Fuhrleute, Schlosser, Ärzte, Schmiede und Tischler hatten alle Hände voll zu tun. Bergknappen wurden aus Tirol, dem Lungau und Rottenmann nach Graz geholt, um Brunnen und Zisternen zu bauen. Steinbrüche wurden abgebaut und es wurde ein bei uns neues Baumaterial eingeführt – der Ziegel. Dieser erwies sich als widerstandsfähig und hart, er konnte leichter als Stein bearbeitet werden und war billiger. Zu dieser Zeit entstanden in Kroisbach, St. Peter, St. Leonhard und am Rosenberg Ziegeleien, die Millionen der länglichen, aber schmalen Renaissanceziegel lieferten und ihre Besitzer unendlich reich machten. Eigene Kalköfen in Niederschöckl und Andritz verarbeiteten die am Plabutsch und Schöckl gebrochenen Kalksteine zu Kalk, um Mörtel zu produzieren, der als Bindemittel für die Ziegel benötigt wurde. Das Brennholz dafür holte man sich aus den landesfürstlichen Wäldern auf dem Ruckerlberg, in der Mantscha und am Schöckl.

Wer aber finanzierte den Großteil dieser immensen Ausgaben für den Festungsausbau? Es waren die zumeist evangelischen Landstände, die dem katholischen Landesherrn Erzherzog Karl II. aus dem Hause Habsburg lange Zeit die dringend benötigten Gelder zur Verfügung stellten – für die Duldung ihrer Glaubensfreiheit. Der gemeinsame Feind schweißte die zwei christlichen Gegner für kurze Zeit zusammen – bis zum Jahr 1600, als Karls Sohn Ferdinand (als Kaiser Ferdinand II.) die Gegenreformation mit aller Kraft vorantrieb und die Evangelischen aus Graz verbannte. Die berühmten Kupferstiche von Lorenz van de Sype und Wenzel Hollar (um 1635) und von Andreas Trost (1699 und 1703) machen die beeindruckende und wuchtige Wehrhaftigkeit von Graz, die damals entstand, auch heute noch deutlich sichtbar.

Eine Grazer Sängerin wurde Amerikas Liebling

Marie Geistinger, Sängerin aus Graz, wurde in Wien zur „Königin der Operette". Ab 1881 tourte sie sieben Mal durch die USA, wo sie umjubelt und mit Dollars überhäuft wurde.

Auch in Berlin feierte die Geistinger viel umjubelte Triumphe

„Geistinger is coming" lautete die riesige Schlagzeile der Flugblätter, die 1881 massenweise in New York verteilt wurden. Als „Großherzogin von Gerolstein" in der gleichnamigen Operette von Jacques Offenbach debütierte die gebürtige Grazerin am 5. Jänner 1881 im New Yorker Thaliatheater. Und der Applaus nahm kein Ende. Am nächsten Tag überschlugen sich die amerikanischen Zeitungen (darunter auch 64 in deutscher Sprache) mit Lobeshymnen. „Es gibt keine zweite Künstlerin auf dem weiten Erdenrund, die diesem eigenen Genre so viel ästhetischen Gehalt abgewinnt und es so geistvoll behandelt wie diese glanzvolle Geistinger", hieß es.

Beifallskundgebungen vor ihrer Suite im Waldorf-Astoria-Hotel folgten, nach jeder Vorstellung ging ein Blumenregen an ihren Fenstern nieder und ihre Werbung lief auf Hochtouren. Innerhalb kürzester Zeit war Marie Geistinger sogar in den entlegensten Winkeln der Vereinigten Staaten ein Star. In einer Monstertournee zog die „Königin der Operette" durch die Staaten von Stadt zu Stadt. Überall, wo sie auftrat, übertraf sie ihren Ruf und wurde von Publikum und Presse vergöttert.

Marie Geistinger war „Königin der Operette" und Star der Amerikaner

Tapfer ertrug sie die schweren Strapazen der langen Tournee, denn die meisten Hotels waren schlecht und der Zeitdruck groß. Zumeist wurde die Künstlerin sofort von der Bahn zur Probe ins Theater gehetzt, die Versorgung war miserabel. Doch der Erfolg war riesig.

Aus den ursprünglich geplanten zwei Spielzeiten waren vier geworden. Dabei trat die Grazerin insgesamt unglaubliche 826 Mal auf und erhielt für jede Vorstellung 200 Dollar. Geistinger war eine wohlhabende Frau, als sie am 3. Mai 1884 New York wieder verließ. Anfangs hatte man ihr aber sofort Prügel in den Weg geworfen. Denn Konkurrenzveranstalter wollten auf ihrer Erfolgswelle mitschwimmen und hatten Geistingers alte Rivalin aus Wien, Josefine „Pepi" Gallmeyer, nach New York geholt. Ein Manager namens Conried wollte, dass beide Sängerinnen gemeinsam auftraten, um den großen Erfolg noch zu überbieten. Aber Geistinger lehnte ab – sie hatte schon in Wien mit der sehr cholerischen Gallmeyer ihre Zusammenstöße gehabt. Conried zog nun in den USA unter dem Titel „Wie eine echte Wiener Soubrette spielt" eine gewaltige Werbekampagne für die Gallmeyer auf. Doch die Arme war schon krank in New York eingetroffen, konnte sich nur unter Schmerzen auf die Bühne schleppen und hatte immer wieder Aussetzer. Das Publikum war total enttäuscht von ihr. Der Manager hatte sie als Sensation angekündigt, jetzt wurde sie ausgebuht und verhöhnt. „Der Geistinger glückt immer alles, mir armem Hascherl gar nix", klagte sie. Erst in den Weststaaten hatte auch sie Glück und erfolgreiche Auftritte, der große Star in Amerika war aber unbestritten Marie Geistinger. Mit 45 Jahren hatte sie ihre erste Tournee durch die USA gemacht, mit 55 startete sie die zweite und mit 60 brillierte sie erneut in New York bei ihrer dritten Tournee als Medea und Maria Stuart. Als die Geistinger 1899 eine neue Einladung in die USA erhielt, wollte sie sofort ablehnen, aber die unvorstellbare Summe von 18.000 Dollar war stärker als alle ihre Bedenken. Schließlich benötigte sie viel Geld für ihren jungen Freund, einen Schauspieler namens Karl, der in Wien ein Theater kaufen wollte. Sie war seit 1881 von ihrem ebenfalls aus Graz stammenden Ehemann August Kormann, der auch Schauspieler war, geschieden.

Ja, in Graz hatte 1836 alles begonnen, als sie am 26. Juli in der Wickenburggasse 9 als Tochter des am deutschen Theater in St. Petersburg engagierten Opernsängers Nikolaus Geistinger und seiner Frau Charlotte, Tragödin ebendort, geboren wurde. Bereits im zarten Alter von acht Jahren war Marie in ihrer Geburtsstadt und in Marburg

Wickenburggasse 9 – das Geburtshaus der Marie Geistinger

(Maribor) in Kinderrollen aufgetreten. 1850 debütierte sie in München. Stationen in Wien, Berlin, Hamburg und Riga folgten. 1865 wurde sie an das Theater an der Wien engagiert.

Ihr heller Sopran und die blendende Bühnenerscheinung machten sie schnell zum Publikumsliebling. Sie war die „Königin der Operette" und auch als Volksschauspielerin erfolgreich. Ihren Lebensabend verbrachte sie schließlich als Herrin auf Gut Rastenfeld in Kärnten, wo sie sich in einen jungen Forstadjunkten verliebte. 1903 starb die Diva in Klagenfurt.

Treffen wir uns bei der Weikhard-Uhr?

Wie eine der ersten öffentlichen Uhren in Graz auf das Dach des Landhauses kam. 344 Jahre später wurde die Weikhard-Uhr im Jahr 1930 zum wohl beliebtesten Treffpunkt der Grazer.

1586 wurde die Uhr vom Uhrturm im Landhaushof auf dem Dachreiter des Landhauses angebracht

Mitte des 16. Jahrhunderts tauchten in Graz die ersten öffentlichen Uhren auf. Domenico dell'Allio erbaute den Haupttrakt des Landhauses, der im Jahr 1500 nach Blitzschlag abgebrannt war, bis 1563 neu. Und er errichtete im Landhaushof der Mode der Zeit entsprechend einen

Uhrturm, von dem eine Stiege in den ersten Stock zur „Landstube" führte. Doch schon 21 Jahre später hatte man andere Ideen und riss den Turm wieder ab – einzig die Stiege blieb erhalten. Heute steht die Landhauskapelle auf den Fundamenten dieses Turms. Als Ersatz wurde vom Zimmermeister Valentin Wildauer 1586 ein hölzerner Dachreiter auf das Dach des Landhauses gesetzt und dort die Uhr vom ehemaligen Hofturm angebracht.

Die ersten Kleinuhrmacher, die sich mit der Erzeugung von Hals- und Taschenuhren beschäftigten, lassen sich zu Beginn des 17. Jahrhunderts in Graz nachweisen. Neben ihnen gab es die Hofhandwerker, die auch die öffentlichen Uhren zu betreuen hatten. Einer von ihnen war der Uhrmacher, Büchsen- und Pulvermeister Hans Schuller, der von 1568 bis 1586 landschaftlicher Zeugwart war und die Landhausuhr betreute.

„Die Werkstatt, die der Kleinuhrmacher Johann Planckh 1720 begründete, besteht noch heute als Firma Anton Weikhards Söhne am Hauptplatz", berichtet Fritz Popelka in seiner „Geschichte der Stadt Graz". Der Name Weikhard

Anton Weikhard eröffnete nach der Übersiedlung auf den Murplatz Nr. 1 eine Uhrenreparaturwerkstätte mit fünf Gehilfen

selbst scheint 1850 erstmals auf, als Maria, die Tochter des Uhrmachers Johann Rummel, ihr Erbe an Anton Weikhard verkaufte. Das kleine Geschäft befand sich in der Annenstraße 531 (heute Nr. 12). Weikhard vererbte 1888 das Geschäft an seinen Sohn Anton, der ein Gold- und Silberwarenlager einführte und 1889 Antonia heiratete, die Tochter des Hutfabrikanten Anton Pichler, der es mit der Erzeugung seiner berühmten Lodenhüte bis zum Hoflieferanten gebracht hatte. Da Weikhards Firma blendend lief, verlegte er 1889 das Geschäftslokal auf den heutigen Südtirolerplatz.

Schon 1900 musste er den Firmensitz vergrößern und eröffnete eine Reparaturwerkstätte mit fünf Gehilfen. Seinen Sohn, der wieder in alter Familientradition Anton hieß, schickte er in die Schweiz, um das Uhrmacherhandwerk von der Pike auf zu erlernen. Alles lief bestens – doch da war ein Konkurrent, der Weikhard das Leben schwer machte. Der erfolgreiche Uhrmacher Greiner erhielt nämlich den lukrativen Auftrag, sämtliche Uhren für das neu erbaute Landeskrankenhaus zu liefern – ein Bombengeschäft. Um Weikhard zu ärgern, machte Greiner einen Umweg und transportierte die Uhren für das LKH auf einem Fuhrwagen mit dem riesigen

So sah das Geschäftslokal von Anton Weikhard anno 1911 aus, im Vordergrund der Bauernmarkt am Hauptplatz

Transparent „Uhren für das Landeskrankenhaus" direkt an Weikhards Geschäft am Südtirolerplatz vorbei. Anton II. tobte vor Zorn. Als dann Greiner aber auch noch die leer stehenden Geschäftsräume in bester Lage im Haus Hauptplatz 13 kaufen wollte und bereits einen Vorvertrag in der Hand hatte, war das zu viel für ihn. Sofort setzte er sich in den Zug nach Wien, wo der Eigentümer des Hauses lebte. Am 8. Juli 1911 kaufte Weikhard das Haus, ohne es je von innen gesehen zu haben – und kündigte Greiner. Seit 1. Oktober 1911 gibt es nun die Firma Weikhard an der neuen Adresse auf dem Hauptplatz. Nach dem Ersten Weltkrieg ging das Geschäft an seine Söhne Anton III., Uhrmacher, und Hermann, Juwelier und Goldschmied, über. 1930 wurde die berühmte Weikhard-Uhr am Hauptplatz vor dem Geschäft errichtet, die zum wohl beliebtesten Treffpunkt der Grazer wurde. 1953 wurde die Firma in die Bereiche Uhren und Juwelier getrennt. Seit 1988 sind sie wieder unter der gemeinsamen Leitung von Klaus und Hermann Weikhard zusammengeführt.

Weikhard-Uhr

Jeder fünfte Einwohner starb an der Pest

Man schrieb das Jahr 1680, der Schwarze Tod hatte Graz fest im Griff: 4608 Einwohner befiel die Pest, 3465 starben laut Aufzeichnungen der Totengräber – ein Fünftel der Stadtbevölkerung.

Die erste bekannte Pestepidemie seit der Antike wurde 1348 aus dem Orient in Europa eingeschleppt und kostete Millionen Menschen das Leben. Sie verbreitete Tod und Schrecken, weil man die Ursache nicht kannte. Da auch alle Gegenmaßnahmen erfolglos blieben, nahm man die Pest als Strafe Gottes hin. Viele fügten sich dem Schicksal, beteten und geißelten sich, um Gott zu versöhnen. An die mangelnde Hygiene, die fehlende Abwasserentsorgung und Müllbeseitigung dachte niemand. Immer neue Wellen der Pest suchten Europa heim und dezimierten die Bevölkerung.

Abraham a Santa Clara

Die Krankheit kündigte sich stets durch hohes Fieber und quälenden Durst an. Große Schwäche befiel die Patienten, oft brachen sie einfach auf der Straße zusammen. Nach wenigen Tagen traten Pestbeulen an den Gelenksbeugen auf. In und nach dem Dreißigjährigen Krieg kam es zur zweiten großen Pestepidemie in Europa. Im Spätsommer 1679 wütete der Schwarze Tod in Niederösterreich und Wien. Kaiser Leopold I. flüchtete mit seinem Gefolge nach Mariazell – und schleppte so die Pest in die Steiermark ein.

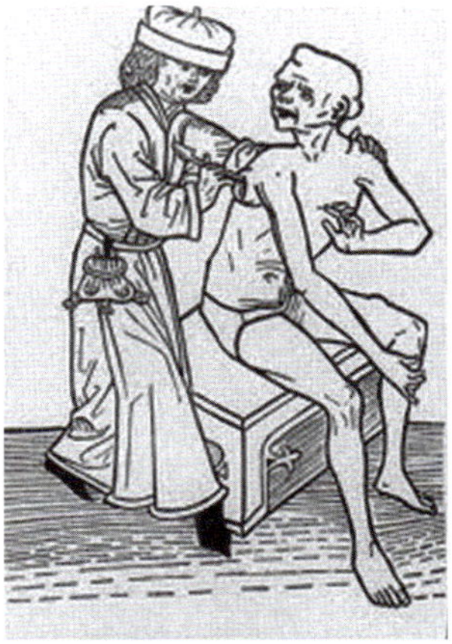

**Bild links: Ein Arzt sticht eine Pestbeule auf.
Rechtes Bild: Pestarzt mit typischer Schnabelmaske zum Atemschutz**

Vor den Stadttoren von Graz wurden vier Kreuze aufgestellt, an die alle zur Strafe angebunden wurden, die sich ohne Gesundheitskontrolle in die Stadt einschleichen wollten. Dr. Adam von Lebenwald, ein bekannter steirischer Arzt, empfahl der Bevölkerung als Therapie starke Schwitzkuren, die Einnahme von Theriak, Pimpernelle und Wacholder. Die größte Hilfe aber erwartete sich das Volk von den acht Nothelfern Maria, Sebastian, Rosalia, Rochus, Franz Xaver, Anton, Ignaz und Joseph.

Da laut Magistratsverordnung die Toten nicht innerhalb der Stadtmauern bestattet werden durften, legte man in der Nähe der Pesthütten, wie die Lazarette vor den Stadtmauern damals hießen, Friedhöfe an. Also im Bereich des späteren Orpheums (Haus der Jugend) oder in der Gegend, wo heute der Stadtparkbrunnen steht.

Im März 1680 wütete die Pest in St. Veit, Ende Mai mussten drei Häuser in der Murvorstadt gesperrt werden. Im Juni verbreitete sich die Schreckensnachricht, dass mitten in der Stadt im Dornspergischen Haus am Hauptplatz (heute Teil von Haus Nr. 14) die Pest ausgebrochen war. Von Tag zu Tag zählte man mehr Krankheitsfälle, immer häufiger sah man weiße Pestkreuze auf den für 40 Tage versperrten Haustoren. Im Rathaus starben 16 Menschen. In der heutigen Schörgelgasse und im Münzgraben starben allein im Juli und August 346 Personen. Am „Grätzbach" wurden 43 Bewohner „impestiziert". Insgesamt waren 122 von 326 Häusern infiziert.

Im Sommer 1680 mussten alle Schulen geschlossen werden. Wer aus der Stadt flüchten konnte, flüchtete. Der Landeshauptmann, der Geheime Rat, alle Würdenträger übersiedelten nach Bruck. Kein Wunder, dass in den Totenlisten vor allem ältere und ärmere Leute aufscheinen. Laut Aufzeichnungen der Totengräber fielen in Graz 3465 Bewohner

Pestsäule auf dem Griesplatz

der Pest zum Opfer. 4608 Personen waren erkrankt. Wenn man davon ausgeht, dass damals laut Stadthistoriker Fritz Popelka in Graz etwa 15.000 Menschen lebten, hat die Pest mehr als ein Fünftel hinweggerafft. Sogar das Begraben der Toten erwies sich als schwierig, da alle sechs Grazer Totengräber im Lazarett lagen. Aber die Seuche hatte noch weitere Folgen für Graz: Die Verschuldung der Stadt wurde immer größer und der Mangel an Handwerkern immer drückender. Auch das Stadtbild veränderte sich, weil an vielen Plätzen aus Dankbarkeit für das lang ersehnte Ende der Seuche Pestsäulen errichtet wurden. Ende Jänner 1681 kehrte die Regierung nach Graz zurück. Im März wurden wieder die Schulen geöffnet, nur den Ägydimarkt verschob man sicherheitshalber in den November. 1685 wurde schließlich die Pestsäule zu Beginn der Sackstraße (die heute auf dem Karmeliterplatz steht) eingeweiht, was das Ende der Pestzeit in Graz darstellte. Dabei hielt der berühmte Pater Abraham a Santa Clara aus dem Augustinerkloster im Münzgraben vor einer großen Volksmenge seine wortgewaltige Bußpredigt. Aber das ist eine ganz andere Geschichte, die ich bereits in meinem ersten Buch „Damals in Graz" erzählt habe.

Eine kleine Gasse erinnert an den großen Barockprediger

Zu Ägydi anno 1568 war das große Schützenfest

Eines der prächtigsten Feste, die Graz je gesehen hat, war wohl das Schützenfest von 1568 – eine Machtdemonstration der protestantischen Bürgerschaft. Tagelang wurde damals geschossen und gefeiert.

Pritschenmeister Leonhard Flexel (links) und sein Sohn Valentin moderierten das Grazer Schützenfest von 1568

Zu Ägydi anno 1568 plante man in Graz ein besonders großartiges Schützenfest, um den Nachbarländern zu demonstrieren, wie machtvoll und politisch bedeutend die protestantische Grazer Bürgerschaft war. Dazu holte man sich aus Augsburg den bekannten Illuministen Leonhard Flexel samt seinem Sohn Valentin als Pritschenmeister. Das war damals eine Art Zeremonienmeister bei großen geselligen Zusammenkünften, ein Moderator, Conférencier und Spaßmacher, ein Thomas Gottschalk des 16. Jahrhunderts.

So ein Pritschenmeister trug zumeist eine bunte Narrentracht, sein Requisit war die Pritsche, ein langes, flaches Holz, mit dem er diejenigen spaßhalber züchtigte, die gegen die Spielregeln verstießen. Seine Spezialität: Ein Pritschenmeister verfasste auch gedruckte oder handgeschriebene illustrierte und gereimte Beschreibungen der Festlichkeiten, auf denen er tätig war. Und Leonhard Flexel war ein Meister seines Faches. Ihn also holte man nach Graz, denn zu dem großen Schützenfest hatte der Magistrat den jungen Erzherzog Karl, den steirischen Adel und die Bürger der Nachbarstädte eingeladen. Und schon eilten die Stadtboten nach

Nieder- und Oberösterreich, nach Kärnten und Tirol, nach Süd- und Mitteldeutschland.

Den Termin für das Fest setzte man sehr schlau zu Ägydi (Anfang September) an, weil da ohnehin sehr viele Kaufleute aus dem ganzen Reich zum Ägydimarkt nach Graz kamen. Am 7. September 1568 trafen die ersten Schützen aus der Steiermark ein, es folgten die aus Wien, Steyr, Salzburg, Wolfsberg, Melk und vielen anderen Städten. Insgesamt 126 Schützen wollten mit ihren Hakenbüchsen um die wertvollen Preise kämpfen.

„Als das Hauptschießen herankam, wuchsen Zelte mit Bänken und Tischen empor, so daß die Schießstätte einem Feldlager glich", beschreibt Stadthistoriker Fritz Popelka das lebhafte Treiben. Krämerbuden waren errichtet worden, in denen Händler schönes Silber- und Zinngeschirr anboten. Es gab Jahrmarktbelustigungen, darunter einen großen Trichter, durch den man durchrutschen konnte. In den Ruhepausen zwischen dem Preisschießen wurde gegessen, musiziert oder man gab sich dem Kegelscheiben oder Würfelspiel hin. Wein und Bier flossen in Strömen.

Die bürgerliche Schießstätte befand sich um 1580 außerhalb der Stadt in der Gegend der Kühtratte, etwa im Bereich der heutigen Radetzkystraße. Dort war genug Platz für alle Zelte, Hütten und Festplätze. Doch bald danach schon musste die Stätte den neuen Befestigungsanlagen weichen und wurde auf das andere Murufer umquartiert – zwischen die Brückenkopfgasse und die Synagoge, die es beide damals noch nicht gab. Doch zurück zum Fest von 1568: Die Stadt scheute weder Mühen noch Kosten und ließ aus diesem Anlass die erste bekannte Stadtfahne anfertigen. Leonhard Flexel beschreibt sie folgendermaßen:

„Wie es dann khert zu solchen Sachen
Ain schöne Feldtfannen ließ man machen,

Die Blasmusik spielte fröhlich zum Schützenfest auf ...

was gethailt schön grien und weiß
mit aim burgundischen rundten Khreytz."

Am letzten Tag der Festspiele tischte der Magistrat allen Schützen ein königliches Festmahl auf, das von 10 bis 14 Uhr dauerte. Vor dem Rathaus hatte man dafür eine Küche aufgebaut, in der Ratsstube wurde auf zwölf Rundtafeln serviert, alles war grün geschmückt, sogar grüne Bäume hatte man rundum im Saal aufgestellt. Natürlich überliefert Flexel auch die Speisekarte in Reimen:

„Rebhühner, Vögel, Hühner und gut Hennen,
Gut Fisch und Krebs, die will ich nennen,
Wildbret und Gäns, Bratnes genug,
die trug man auf gar weis und klug.
Das muß ich reden bei meinem Leben,
gut Mandeltorten hat man geben.
Darnach hand sie deiner bedacht,
gar schön Holloipen (Waffelgebäck) hat man bracht."

... als die Schützen feierlich zum Wettkampf einmarschierten

Zum Schluss kamen noch Käse und Obst. Und einiges zum Trinken. Da die Forellen als weiterer Gang zu Mittag nicht rechtzeitig angeliefert worden waren, brachte man sie den Schützen am Nachmittag zur Stärkung in die Schießstätte nach. Dann war endlich der letzte Schuss gefallen. Nach der Preisverleihung formierte sich ein gewaltiger Siegesmarsch in die Stadt zurück – vorneweg der Sieger, ein gewisser Ulrich Hold aus Ehrenburg. Ihm voran – wie bei allen Einzelsiegern – schritt ein Bub in weiß-grünen Hosen und Wams, um den Leib eine rote Binde. Er trug eine Fahne aus rotem Tuch mit 62 goldenen Scheiben aufgenäht, die zeigten, dass der Sieger 62 Gulden gewonnen hatte. In einem Rausch an Farben wird dies alles in Flexels Bild-Handschrift dokumentiert, die sich heute in der Nationalbibliothek befindet und eine wahre Fundgrube bürgerlicher Ahnenforschung darstellt.

Ein kleines Grazer Versailles

Kennen Sie das Meerscheinschlössl? Es lag einst in einem riesigen Park, der heute völlig verbaut ist. Um 1800 war es ein beliebtes Tanzetablissement mit 3000 Besuchern an den Spitzentagen.

Viele Grazer werden sich wohl schon gefragt haben, woher das Meerscheinschlössl in der Mozartgasse 3 (gleich bei der Universität) seinen seltsamen Namen hat. Welches Meer sollte dort wohl scheinen? Nun, wie so oft stammt der Name von einem seiner Eigentümer, dem Postmeister und Kaffeehausbesitzer Johann Meerschein (auch Merschein) aus Böhmen. Dieser hatte 1786 von Caspar Andreas Jacomini, dem Erbauer des Jakominiplatzes, das einzige Kaffeehaus auf dem neuen Platz vor dem Eisernen Tor gepachtet – im Haus Jakominiplatz Nr. 16. Da sich aber bald schon weitere Kaffeesieder am Jakominiplatz ansiedelten und die Konkurrenz dadurch immer größer wurde, kam es zu Streitigkeiten zwischen Meerschein und Jacomini. Meerschein zog sich zurück und heckte neue Pläne aus. 1801 kaufte er für 19.300 Gulden den sogenannten Wurmbrandgarten im alten Festungsvorfeld vor den Grazer Stadtmauern. Hier durfte man erst seit 1683 Häuser bauen, nachdem die Türken vor Wien besiegt worden waren. Die beständige Gefahr aus dem Osten war erst ab jetzt endgültig gebannt. Genau zu dieser Zeit wurde hier der alte Sommersitz des päpstlichen Nuntius Malaspina in drei langen Bauabschnitten zu einem hübschen, kleinen Barockschloss umgebaut. Die repräsentative Gartenfront, die wohl unter dem Einfluss der Bauwerke des Johann Bernhard Fischer von Erlach und

Blick vom Paulustor auf das Meerscheinschlössl und seine riesige Parkanlage, die ab 1772 für alle Grazer geöffnet wurde

Johann Lukas von Hildebrand entstand, war damals durch eine lange Allee vom Paulustor aus zu erreichen. Das muss einst ein idyllischer Anblick gewesen sein, der verständlich macht, dass dieses Schlösschen als kleines „Grazer Versailles" bezeichnet wurde. 1772 kam der ganze bis zum Glacis reichende, völlig unbebaute Grund in das Eigentum des Thomas Gundaker Graf Wurmbrand-Stuppach. Der ließ den inzwischen etwas verwahrlosten Besitz herrichten – und öffnete den nach ihm benannten Garten für alle Grazer. Aus dem Lustgarten für die Adeligen war ein Volksgarten geworden. Der Wurmbrand'sche Garten wurde zum beliebten Ziel für die Sonntagsausflüge der Grazer Familien. Kein Wunder, dass ein zeitgenössischer Chronist den Besitzer lobte: „Dieser Graf, dem man den ersten Platz unter den Menschenfreunden dieser Stadt einräumen muss, wird ewig im Herzen aller leben." Doch „ewig" war auch damals schon ein relativer Begriff, denn als der Graf 1791 starb, war es aus mit lustig für die Grazer und der Name des Gartens geriet in Vergessenheit. Doch jetzt kam der Herr Meerschein ins Spiel. Voller Energie machte er aus dem schönen, großen Saal mit dem berühmten Deckengemälde von Giulio Quaglio, das den Kampf des Lichtes mit der Finsternis – also des Christentums mit dem Heidentum – darstellt, ein beliebtes Tanzetablissement. Und wieder war das Schlössl eine vielbesuchte Unterhaltungsstätte für alle Grazer. An Sonntagen im Sommer spielten nicht weniger als drei Musikkapellen bis spät in die Nacht auf, an Spitzentagen zählte man bis zu 3000 Besucher. 1809 aber war alles aus, da kamen nämlich die Franzosen, besetzten im Zuge der napoleonischen Kriege Graz und beschossen den Schloßberg. Und genau im großen Gastgarten des Herrn Meerschein stellten sie eine französische Kanonen-Batterie auf. Im Schloss selbst wurden französische Soldaten einquartiert und entsprechend mitgenommen sah das ganze Anwesen danach aus. Doch Meerschein war inzwischen verstorben, der riesige Grund wurde parzelliert und als Baugrund verkauft. Sicher ein sehr einträgliches Geschäft. Danach wechselten die Eigentümer mehrmals, im großen Saal wurde zeitweilig sogar Theater gespielt. Zwischen 1866 und 1870 trat hier auch ein junger Schlosserlehrling auf, der in der Laienschauspielgruppe „Die Tonhalle"

So schön sieht die Gartenfront des Meerscheinschlössls noch heute aus, bloß der Park ist enorm geschrumpft

mitwirkte und großes Talent hatte. Sein Name: Alexander Girardi aus der Leonhardstraße, der später in Wien Österreichs größter Volksschauspieler werden sollte. 1899 wurde im Gebäude ein Sanatorium für Nervenkranke und Morphiumabhängige eingerichtet, das aber 1913 schon wieder geschlossen wurde. 1914 wurde das Meerscheinschlössl vom Ministerium für Kultur und Unterricht gekauft und der Universität Graz zur Verfügung gestellt. Die Prunkräume werden heute für Veranstaltungen, private Feiern und Seminare zur Miete angeboten.

Und der Igel zeigte seine Stacheln

Kurz nach Kriegsende startete „Der Igel" 1945 im Roseggerhaus seinen Kabarettbetrieb – und 63.915 Besucher waren allein im ersten Jahr begeistert dabei. Endlich konnten sie über aktuelle Alltagssituationen wie Schwarzhandel, Besatzung und Lebensmittelengpässe lachen.

Kaum war der Zweite Weltkrieg zu Ende gegangen, sperrten die Theater in Graz wieder ihre Pforten auf. Denn das Publikum war ausgehungert – nicht nur nach Brot, sondern ganz besonders auch nach einer künstlerischen Geisteswelt, die ihm zur Zeit des Nazi-Regimes strikt vorenthalten wurde. Hatte am 8. Mai 1945 Hitler-Deutschland bedingungslos kapituliert, wurden am 31. Mai bereits das Schauspielhaus und am 31. Juni das Opernhaus wiedereröffnet. „Und am 23. November 1945 nimmt die Kleinkunstbühne Der Igel – das kleine Zeittheater in der Annenstraße 23 (Roseggerhaus) im Café Rheingold ihren Spielbetrieb auf", berichtet Iris Fink in „Made in Styria. Kabarett in und aus Graz" im Historischen Jahrbuch der Stadt Graz, Band 42.

Direktor dieses neuen Etablissements war der Wiener Franz Paul, der in den 30er-Jahren bereits Theaterdirektor und Autor für Kleinkunstbühnen in Wien gewesen war. Da Paul mit seiner Frau die letzten Kriegsmonate in Fentsch bei St. Lorenzen (nahe Knittelfeld) verbracht hatte und noch nicht ins geteilte Wien zurückwollte, ließ er sich in Graz nieder. Im September schloss er mit den Besitzern des Cafés Rheingold einen Vertrag ab, der vorerst auf nur eine Saison

Das Roseggerhaus 20 Jahre nach dem „Igel"-Gastspiel

befristet war. Man konnte ja nicht wissen, wie das Geschäft anlief. Jetzt fehlten nur noch die Darsteller und so schrieb er sein berühmt gewordenes Telegramm nach Klagenfurt, in dem es hieß: „Wenn Sie der Fritz Muliar sind, der vor dem Krieg in Wien Kabarett gespielt hat, dann kommen Sie nach Graz, ich gründe ein Zeittheater. Ihr Franz Paul." Und wirklich, Fritz Muliar, der nach Kriegsende als Rundfunksprecher der Sendergruppe Alpenland in Klagenfurt tätig war, kam nach Graz, war zwei Saisonen lang im Igel tätig – und wurde der absolute Liebling des Grazer Publikums. Neben dem Star Muliar trat eine ganze Reihe namhafter Schauspieler und Schauspielerinnen im „Igel" auf, 44 Arbeitnehmer verzeich-

Szene mit Sepp Trummer und Gretl Doering im „Igel"

nete der Direktor in der ersten Saison. Darunter Gretl Elb, Maria Kestranek, Hanns Obonya, Ewald Autengruber, Silvio Carli, Robert Casapiccola, Karl Friedrich, Hanns Kraßnitzer, Leo Steinhart und Sepp Trummer.

Das Programm, das im „Igel" gespielt wurde, war eine Mischung aus Altem und Neuem mit aktueller Zeitkritik. Paul setzte Bewährtes von Jura Soyfer ein und spielte neue Texte der Wiener Kurt Nachmann, Alexander Steinbrecher, Rolf Olsen und Hans Weigel ebenso wie der Grazer Autoren Ewald Autengruber, Theo Herbst oder Otto Hofmann-Wellenhof. Die Themen spiegelten natürlich die aktuelle Alltagssituation wider – und die war triste genug: Lebensmittelversorgung, Schwarzhandel, Besatzung, Nazi-Vergangenheit, Währungsreform. Am Klavier begleitete Franz Stefan Pippal, der Vater der späteren ORF-TV-Moderatorin Jenny Pippal, die Aufführungen. Zu den jugendlichen Stammgästen zählten Karlheinz Böhm und Josef Krainer jun.

Auch der junge Hans Weigel schrieb für den „Igel"

Kabarett-Urgestein Gerda Klimek beschreibt in ihrem Buch „So ein Theater" (1989) das Café Rheingold als Ort, „wo man zwar nur Mehlspeisen à la Kukuruzpapp zum verzweifelt verlängerten Kaffee bekam, wo es aber über eine schön geschwungene Freitreppe hinaufging in das gemütlich kleine Lokal mit der winzigen Bühne". Hier also fand am 23. November 1945 die Premiere des ersten „Igel"-Programms mit dem Titel „Wiener Kleinkunst" statt. Das Etablissement fasste 303 Personen an Tischen und in Logen. Gespielt wurde täglich um 19.30 Uhr, sonntags gab es sogar eine zusätzliche Nachmittagsvorstellung. Der Andrang war enorm. In der ersten Spielzeit sahen unvorstellbare 63.915 Personen vier verschiedene Programme, im Sommer 1946 ging „Der Igel" auf Steiermark-Tournee. Bis zum frühen Ende des kleinen Zeittheaters im Jahr 1948 wurden insgesamt 14 Programme aufgeführt, darunter „Grottenbahn", „Wir lachen trotzdem", „Wir machen Zirkus", „Seitensprünge" oder „Wir blättern zurück". Zu jedem Programm gab es ein eigenes Programmheft, dem ein Blatt beigelegt war, das die Abfahrtszeiten der Grazer Straßenbahnen nach der Vorstellung ab der Station Roseggerhaus auflistete. Das war noch praktischer Dienst am Kunden. Doch da Abgaben und Spesen rasant stiegen, musste die Zahl der Darsteller von Jahr zu Jahr abnehmen. Dazu kam ein starker Rückgang der Besucherzahlen, sodass 1948 schon wieder das Ende des kleinen Grazer Zeittheaters „Der Igel" kam – nahezu passend zum Programmtitel „Wir lachen trotzdem".

Warum es mehrere Zeughäuser gegeben hat

Seit März 2013 macht ein Lift das Landeszeughaus barrierefrei zugänglich – aber wie ist das historische Arsenal entstanden? Und warum gab es mehrere Zeughäuser?

Bevor der Begriff „Zeug" im 18. Jahrhundert zur Bedeutung von „Gerümpel" herabgesunken ist, bezeichnete er „Waffen". Ein Zeughaus war also ein Gebäude, in dem Waffen und militärische Ausrüstungsgegenstände aufbewahrt wurden.

Heute wenig bekannt ist, dass es in Graz aber mehrere Zeughäuser gegeben hat – sogar zur selben Zeit. Das hatte politische und praktische Gründe, denn hier wirkten drei politische Kräfte auf das steirische Wehrwesen ein: Die Grazer Bürgerschaft schützte mit den Waffen aus dem bürgerlichen Zeughaus ausschließlich ihre Stadt, während die steirischen Landstände (landschaftliches Zeughaus) und der jeweilige Landesfürst (Hofzeughaus) für die Verteidigung des Landes zu sorgen hatten, erläutert Leopold Toifl, Sammlungskurator am Landeszeughaus.

Anfänglich war das Kriegszeug der Stadt Graz in den Mauertürmen an der stark befestigten Murseite untergebracht. Und so stand auch das älteste bekannte bürgerliche Zeughaus im Hof des Hauses Sackstraße Nr. 13 und wurde

Landeszeughaus um 1885,
Ölbild von Rudolf von Alt

noch 1596 als „gemainer Stadt Zeughäusl" bezeichnet. Später wurde das bürgerliche Zeughaus neben dem Murtor an der Stelle des Hauses Murgasse 11 erwähnt, jedoch 1752 samt dem Murtor verkauft. Der berüchtigte Reckturm und die anschließende Bürgerbastei dienten ebenso als Aufbewahrungsort der städtischen Waffen und Rüstungen wie das Rathaus. So konnte Graz gegen Ende des 17. Jahrhunderts 700 Mann mit Feuerwaffen ausrüsten, was aber die Zahl der damaligen Bürger beinahe um die Hälfte überstieg. Der Artilleriepark war auf 30 Geschütze angewachsen. Die letzten Inventarlisten stammen aus dem Jahr 1757, acht Jahre später wurde das Zeughaus im Rathaus aufgelassen.

Erste konkrete Schritte zur sachgerechten Lagerung der landschaftlichen und landesfürstlichen Waffen unternahm der spätere Kaiser Maximilian I., indem er am 16. Jänner

1506 Georg Geroltinger zum Zeugwart bestellte. Mit ihm begann die lange Reihe der namentlich bekannten Zeugwarte in Graz. Von 1527 bis 1570 wurden die landschaftlichen Waffenbestände gemeinsam mit denen des Landesfürsten im landesfürstlichen Hofzeughaus und seiner Zweigstelle in der Schloßbergfestung verwahrt. Das Hofzeughaus war ein dreigeschoßiger Turm auf dem heutigen Freiheitsplatz, der damals noch völlig verbaut war. Aber auch im Vorläufergebäude des Landhauses hatte man in Zeughütten und Kammern ebenso wie in den Stadttoren Waffen gelagert.

Als 1565 das von den evangelischen Landständen errichtete neue, heute noch bestehende Landhaus vollendet war, waren im Dachgeschoß Kammern vorgesehen, in denen möglichst alle Waffen der Landschaft an zentraler Stelle verwahrt werden sollten. In etlichen Arkaden des Hofes wurden Geschütze untergebracht – jetzt war vieles zentral gelagert,

Im Landeszeughaus lagern heute noch immer an die 32.000 Waffen, die es zur größten historischen Rüstkammer der Welt machen

doch es war auch sehr beengt, sodass der aus Murau stammende Geograf Martin Zeiller 1632 bemerkte: „Aber schad ist es / daß alles so eng beysammen sein unnd über einander ligen muß."

Hatte man 1557 noch 19.400 Stücke an Kriegsgerät gezählt, war die Zahl 1629 bereits auf 85.000 Stück angestiegen. Die Waffenkammern platzten aus allen Nähten, denn seit dem späten 15. Jahrhundert war die Steiermark permanenten Angriffen des Osmanischen Reiches ausgesetzt gewesen, deren Abwehr als „Türkenkriege" bezeichnet wurden. Direkte Folge dieser Angriffe waren die Einrichtung der Grazer Zeughäuser und eine starke, fast panische Aufrüstung.

Daher strebten die Stände endlich eine langfristige Lösung an und kauften 1638 für 3900 Gulden das Radmannsdorf'sche Haus direkt neben dem neuen Landhaus. Es wurde vollständig abgerissen und durch einen Neubau ersetzt. Von 1642 bis 1647 erbaute der Tessiner Baumeister Antonio Solar das fünfgeschoßige Zeughaus im Stil des süddeutschen Frühbarock. Das Rundbogen-Steinportal ist prächtig geschmückt, zwei schöne Nischenfiguren aus Sandstein, die Mars und Bellona/Minerva darstellen, zieren es zu beiden Seiten.

Das neue landschaftliche Zeughaus war nun das zentrale Waffendepot der Steiermark. Am Ende des „Großen Türkenkrieges" 1699 zählte die Inventarliste der Waffen im Zeughaus und seinen Dependancen im Eisernen Tor, im Paulustor, im Rauberhof und im Landhaus bereits fast 189.000 Stück. Heute lagern im Zeughaus noch immer 32.000 Objekte. „Aber wir haben hier keine Ritterrüstungen, wie man immer wieder hören und lesen muss – das ist ein Quatsch", ärgert sich Toifl. „Ritter gab es im 16. Jahrhundert nicht mehr, das war nur noch ein Adelstitel. Wir haben Harnische für die

Reiterei und die Fußknechte, die vom Land zur Verteidigung aufgeboten wurden."

Das Landeszeughaus war natürlich auch ein Ort höchster Geheimhaltung, den nur der Zeugwart, die Büchsenmeister, Zeugschmiede, Schlosser und Plattner betreten durften. Waffen und Geschütze durften deshalb nur im Hof des Zeughauses ausgegeben werden. 1749 kam es unter Maria Theresia beinahe zur Schließung des Hauses, der gesamte Bestand sollte aufgelöst und nach Wien gebracht werden. Die Herrscherin wollte das Heerwesen in den österreichischen Erbländern reformieren und zentralisieren. Doch die Stände konnten Maria Theresia vom großen ideellen Wert des Zeughauses überzeugen – und so blieb es mit seiner veralteten Ausstattung als Gesamtensemble erhalten. Im Revolutionsjahr 1848 wurden zum letzten Mal Waffen aus dem Landeszeughaus an die Nationalgarde, das Studentenfreikorps und Polizeipatrouillen ausgegeben, von denen jedoch nur ein Teil wieder zurückkam. Auch diverse Waffenverkäufe dezimierten den historischen Bestand des Waffenarsenals arg. Seit 1892 ist das Landeszeughaus eine Abteilung des Landesmuseums Joanneum – und heute die größte historische Rüstkammer der Welt, die noch weitgehend im Originalzustand erhalten ist.

Wie der Waldbauernbub in die Hauptstadt gekommen ist

Wussten Sie, dass der steirische Volksdichter Peter Rosegger 53 Jahre in Graz gelebt hat – und hier von Wohnung zu Wohnung gezogen ist? Nur sein Herz blieb für immer in der Waldheimat.

„Ich bummelte, mir selbst überlassen, in dem mir neuartigen und anlockenden Leben der Stadt dahin", schreibt Peter Rosegger in seiner Autobiographie „Mein Weltleben" über seine ersten Wochen in Graz. „Ein zweiundzwanzigjähriger, gesunder, naiver Bursche mit leidlich empfänglichen Sinnen, voll Vertrauensseligkeit und ohne jegliche Welterfahrung, so lebte ich und vagierte von einem Tag zum anderen, von einer Stadtergötzung zur anderen, soweit es meine Mittel erlaubten." Aber wohl fühlte er sich nicht dabei.

Fotografie des jungen Schriftstellers Peter Rosegger aus dem Jahr 1873, als er seine erste Frau kennenlernte

1864 hatte der Schneidergeselle aus dem Mürztal Mundartgedichte an die „Grazer Tagespost" geschickt. Und wirklich – deren Chefredakteur Adalbert Svoboda antwortete dem jungen Mann, erkannte dessen Naturtalent und teilte ihm mit, dass er ihn fördern und einflussreichen Gönnern vorstellen wollte. Aber zuallererst sollte er einmal die notwendige (Aus-) Bildung erlernen. Doch wohin mit dem jungen Mann? „In eine Elementarschule wollte man mich nicht stecken, und für alle anderen Schulen hatte ich zu wenig Vorbildung", schreibt Rosegger über sich selbst. Immerhin war er ja zu diesem Zeitpunkt schon 22 Jahre alt. Da machte Svoboda ihn mit Rudolf

Falb bekannt, der Religionslehrer an der kurz zuvor gegründeten Grazer Handelsakademie war, die damals noch in der Kaiserfeldgasse 25 ihren Standort hatte. 1865 veranstaltete die HAK einen Zyklus öffentlicher Vorlesungen, für die Professor Falb freien Eintritt für Peter Rosegger erwirkte.

Als „Bettelstudent" war Rosegger in seinen ersten Grazer Wochen nun jeden Tag bei einer anderen Familie mittags zu Gast. Die Welt des wohlhabenden, gebildeten Bürgertums war dem jungen Mann vom Land anfangs völlig fremd. „Der Fußboden war mit lauter blumigen Tüchern belegt", berichtete er beispielsweise von den schönen Teppichen im Hause Reininghaus. Schließlich nahm ihn aber die „Akademie für Handel und Industrie", wie die Handelsakademie damals genannt wurde, unentgeltlich als Schüler und deren Direktor Franz Dawidowsky in sein Pensionat auf. Jetzt saß der 22-jährige Peter Rosegger in der großen fremden Stadt in der zweiten Vorbereitungsklasse inmitten seiner Mitschüler – „lauter Büblein von zwölf bis fünfzehn Jahren, deren größten ich um Kopfeslänge überragte". Aber in Deutsch „schrieb ich die besten Aufsätze und machte die haarsträubendsten orthographischen Fehler".

„Das erste Schuljahr war für mich das erfolgreichste", schreibt Rosegger. „Es hat mich demütig gemacht. Da war ich herangestürmt in der Meinung, wenn man nur Bücher und Zeit hat, das Lernen selbst sei ein Spaß. Nun wußte ich, daß es kein Spaß war, besonders nicht für mich."

Aber großzügige Förderer wie der Großindustrielle Peter von Reininghaus unterstützten und förderten das junge Talent, sodass sich Peter bald schon am Fuße des Schloßbergs ein einfaches Quartier leisten konnte. Im heutigen Haus Wickenburggasse 5 vermietete ihm der pensionierte Finanzrat Franz Frühauf nicht nur ein Zimmer, sondern wurde auch sein väterlicher Freund. Ende November 1865 schon

Peter Roseggers Zimmer in der Wickenburggasse

übersiedelte Rosegger aber als Nachhilfelehrer eines achtjährigen Offizierssohnes in die Salzamtsgasse 28 (später Stiftgasse 3), 3. Stock, berichtet Mirella Kuchling in ihrem Buch „Literarische Spaziergänge durch Graz": „Meine neue Wohnung war eine schiefwandige Dachkammer ohne Ofen ... Die langen Abende stand ich schlotternd am Fenster mit dem Schulbuch, bei dem Licht einer Straßenlaterne, die ich zu den Wohltätern meines ersten Grazerlebens zählen muß." Dort hielt er es aber nur 14 Tage lang aus, dann zog Rosegger wieder zurück in sein Zimmer in der Wickenburggasse.

Auf seinem täglichen Schulweg in die Handelsakademie ging Rosegger stets an einer kleinen Schenke vorüber, die Obstmost anbot. Am Faschingdienstag seines ersten Schuljahres gönnte sich der junge Mann endlich ein Glas Most und eine Semmel – und lief geradewegs seinem Schuldirektor in die Arme, der seinen Schülern Gasthausbesuche aller Art strengstens verboten hatte, erzählt Kuchling.

Bis 1869 besuchte Peter Rosegger die Handelsakademie, dann lebte er als freier Schriftsteller in Graz und erhielt Stipendien. Erste literarische Erfolge stellten sich langsam ein, als er 1870 das Buch „Zither und Hackbrett" veröffentlichte. Die Sommermonate aber verbrachte er immer wieder in Krieglach, wo er auch seine spätere Frau Anna Pichler kennenlernte, die mit einer Freundin extra aus Graz angereist war, um das Geburtshaus ihres Lieblingsdichters zu sehen. Dieses Fräulein ging dem Poeten nicht mehr aus dem Kopf. Und so kamen sich die beiden näher und heirateten am 13. Mai 1873 in der Mariagrüner Kirche. Das junge Paar erhielt eine Wohnung im Haus des Schwiegervaters Joseph Pichler, eines Hutfabrikanten, in der Sackstraße 31. „Die Wohnzimmer waren gassenseitig, mein Arbeitszimmer murseitig. Von diesem sah man durch seine drei Fenster auf den breiten Fluß und auf die Berge. Es war ein Poetenheim, wie ich seither keines mehr gefunden. Damals mußten zur Ausstattung noch nicht die schwerfälligen altdeutschen Möbel, die braunen Öfen, die roten oder sauerkrautgrünen Wände, das wurstbraune Parkett, die schweren dunklen Fenstervorhänge sein, Dinge, die eine Wohnung düster machen. Bei uns war alles licht: die Öfen, die Türen, die Vorhänge weiß und luftig, die Wände taubengrau, die Fußböden blank und gescheuert, die Möbel glänzend lackiert, die Rahmen der Kupferstiche hell vergoldet."

Titelblatt der von Peter Rosegger herausgegebenen Zeitschrift „Heimgarten" im Jahr 1879

Zwei Kinder kamen zur Welt, doch das Glück des jungen Paares dauerte nur kurze Zeit. Am 16. März 1875 starb Roseggers Frau Anna. Der Dichter war der Verzweiflung nahe und stürzte sich in die Arbeit. „Die Schriften des Waldschulmeisters" erschienen und im Oktober 1876 kam das erste Heft der von Rosegger gegründeten Monatsschrift „Der Heimgarten" heraus. 1877 veröffentlichte er das Erinnerungsbuch „Waldheimat", mit dem Rosegger dem Land seiner Kindheit nicht nur ein literarisches Denkmal setzte, sondern auch einen neuen Namen gab. Jetzt war er endgültig arriviert, machte zahlreiche Vorlesereisen und konnte sich in Krieglach ein Haus bauen, das sein Sommersitz wurde. Dort freundete er sich mit dem Wiener Bauunternehmer Wenzel Knaur an – und heiratete 1879 dessen Tochter

Anna. Damit gelang Rosegger der Aufstieg in die „bessere Gesellschaft". Er war nun Mitglied der Vereinigung „Schlaraffia", die als Freundschaftsbund die Kunst und den Humor – und wohl auch Speis und Trank – pflegte. Hier hatte er den Namen „Ritter Heimgarten". Auch im Haus seines Gönners Peter von Reininghaus, dem Metahofschlössl in der Babenbergerstraße, verkehrte Rosegger häufig – hier waren die bedeutenden Grazer seiner Zeit stets gern gesehene Gäste. Besonders gerne besuchte Rosegger aber das kleine Volkskundemuseum des Viktor von Geramb in der Paulustorgasse und setzte sich in den Hergottswinkel einer echten, alten holzgetäfelten Bauernstube, die dort ausgestellt war und noch immer ist. Im Oktober 1879 bezog der Dichter mit seiner Familie eine Wohnung in der feinen Elisabethstraße 16 B, ein Jahr später zogen sie wieder weiter in den 3. Stock des Hauses Burggasse 12 (heute 16). Hier lebte Peter Rosegger 34 Jahre lang bis knapp vor seinem Tod 1918 – mit einer kurzen Unterbrechung von Oktober 1893 bis Oktober 1897, als er in der Parkstraße 11 wohnte. Im Friseursalon im Parterre seines Wohnhauses in der Burggasse war Rosegger Stammkunde und hatte eine eigene „Abonnementskarte". Damit bekam er für zehnmal Zahlen zwölf Haarschnitte, berichtet Mirella Kuchling. Eine Gedenktafel erinnert dort heute noch

Roseggers zweite Frau Anna, geborene Knaur

Linkes Bild: Roseggers Wohnhaus in der Burggasse 16, davor der kleine Roseggergarten. Rechtes Bild: Gedenktafel am Haus – hier lebte der Dichter 34 Jahre

Linkes Bild: Vandalen haben dem Denkmal im Roseggergarten die Nase abgeschlagen. Rechtes Bild: Die Bronze-Büste Roseggers im Augarten

an den berühmten Hausbewohner, der insgesamt 53 Jahre in Graz gelebt hat. Und schräg gegenüber von Roseggers Wohnhaus hat die Stadt Graz als Verlängerung des Stadtparks den kleinen Roseggergarten samt Denkmal des steirischen Volksdichters angelegt. Bloß haben in jüngerer Zeit Vandalen dem Poeten die Marmornase abgeschlagen.

1913 galt Peter Rosegger in seiner Heimat als der aussichtsreichste Anwärter auf den Literaturnobelpreis. International wurde aber seine Nähe zur deutschnationalen Agitation nicht sehr geschätzt. Er hatte nämlich deutsche Schulen in den gemischtsprachigen Gebieten von Böhmen und Mähren gefördert. Und die verärgerten Tschechen vereitelten die Ehrung des 70-jährigen Volksdichters. Der immer stärker werdende Nationalismus auf allen Seiten spitzte sich schon Richtung Ersten Weltkriegs zu. „Eine Schutzsammlung habe ich gemacht, um an den bedrohten Sprachgrenzen deutschen Kindern deutsche Schulen zu bauen oder zu erhalten, unter dem Leitwort: Uns zum Schutz, niemandem zum Trutz! ... Wir wehrten uns um Schillers Sprache, um Goethes Kultur. Wenn mir deshalb der Nobelpreis verloren ging, dann wohl mir", schrieb Rosegger später in einem Brief. Der Preis ging an den bengalischen Dichter und Philosophen Rabindranath

Tagore. Aber literaturaffine Kreise Indiens interessierten sich nun für den Konkurrenten ihres Landsmannes und fanden an Rosegger Gefallen. In den folgenden Jahren erschienen sechs Bücher von ihm in Hindi.

Inzwischen begann Rosegger mit der Bearbeitung seiner „Gesammelten Werke" in 40 Bänden, die 1916 abgeschlossen wurde. Am 13. Dezember 1917 machte der große Heimatdichter seinen letzten Spaziergang im Grazer Stadtpark. Ein Herz- und Nierenleiden sowie ein Lungenemphysem und zunehmende Arterienverkalkung zwangen ihn zum Verbleib in seiner Wohnung. Nur zum Sterben ließ er sich todkrank am 29. Mai 1918 mit einem eigens zur Verfügung gestellten Waggon der Eisenbahn nach Krieglach führen. „Wie das Leben mir beschieden, es war gut, ich bin's zufrieden. Könnt' ich eines noch erwerben, nur daheim, daheim zu sterben." Und so schloss Peter Rosegger, der große steirische Volks- und Heimatdichter, am 26. Mai 1918 in seinem Haus in Krieglach für immer seine Augen.

„Könnt' ich eines noch erwerben, nur daheim, daheim zu sterben"

Auf wilder Tierhatz

Hätten Sie erwartet, dass im 18. Jahrhundert Tierhetzen in Graz eine beliebte Publikumsunterhaltung waren? 1776 wurde sogar ein Hetztheater in der Brückenkopfgasse errichtet.

Gepanzerter Kampfhund um 1450

Heute fast unbekannt ist, dass im 18. Jahrhundert in Graz Tierhetzen abgehalten wurden – ähnlich wie schon im alten Rom. Sogar ein eigenes Hetztheater gab es in der Murvorstadt. Schließlich waren Hundekämpfe damals groß in Mode in Europa.

In den Arenen kämpften die Hunde nicht nur gegeneinander, sondern auch gegen Ratten, Dachse, Wölfe, Wildschweine oder Bären. Durch Einkreuzungen wurden besonders bisskräftige Hunde gezüchtet. Bei den Kämpfen in den Arenen (englisch „pit", daher auch die vielsagenden Namen Pitbull und Pitbull Terrier) konnten die Besitzer der Siegerhunde sehr viel Geld gewinnen. Bis zum Beginn des 20. Jahrhunderts wurden Hundekämpfe zwar weltweit verboten, werden aber illegal heute noch durchgeführt.

Wiener Hetztheater um 1755

Im städtischen Bereich veranstalteten im 18. Jahrhundert zumeist Gastwirte oder Fleischhauer derartige Hetzen. In Wien soll bereits 1708 den ersten Handelsleuten „außer der Tabor Schanz" die Hetze mit wilden Tieren in einer Art Amphitheater erlaubt worden sein, berichtet Arnold Jaritz in „Freizeitverhalten in Graz im 18. Jahrhundert" (Historisches Jahrbuch der Stadt Graz, Band 41). Offenbar waren es Wiener Hetzmeister, die auch in Graz das Interesse an derartigen Lustbarkeiten weckten, wie eine Anfrage aus dem Jahr 1757 zeigt. Denn damals wollte die Regierungsbehörde vom Magistrat wissen, wie es möglich sein konnte, dass ein

„Wienerischer Hetz-Meister" am Fronleichnamstag mit Trommeln durch die Stadt ziehen konnte und Spielzettel verteilte, so Jaritz.

Wiederholt spekulierte man in Graz mit einem eigenen Hetzplatz, aber erst als die alte Schießstätte 1771 völlig abbrannte, war es so weit. Als die bürgerliche Schießstätte 1776 in der Gegend der heutigen Brückenkopfgasse und des Entenplatzes neu errichtet wurde, baute man daneben auch ein Hetztheater. Die nunmehr dreigeschoßige Schießstätte mit Hetzplatz und Hundezwingern für zwölf Kampfhunde sowie die zwei Kegelbahnen waren von einer hohen Mauer umgeben. Um den Hetzplatz befanden sich die Gänge für die Zuseher, wobei der zweite Stock für den Adel reserviert war. „O welch ein reines, edles, fein entzückendes Vergnügen zu sehen, wie ein ... friedlicher Ochse mit aller Gewalt betäubt und wild gemacht, von Hunden an den empfindlichsten Theilen seines Körpers zerfleischet und eine Stunde durch zu Tode gemartert wird", beschreibt der anonyme Autor des „Grätzermärchens" satirisch eine Tierhatz in der Murvorstadt.

Im Mai 1778 suchte der damalige Theaterdirektor Jakobelli um die Erlaubnis zur Abhaltung von Tierhetzen auf der bürgerlichen Schießstätte an – um seine Verluste im Theater auszugleichen. Das wurde genehmigt, aber bald schon beschwerte er sich darüber, dass die Schützen mit ihren Familien sich in die „oberen Zimmer der Schießstadt verfügen und all dort gratis zusehen". Vermutlich bis 1783 führte Jakobelli derartige Tierspektakel durch, dann wurden ihm alle „feierspeienden Sachen" bei der Tierhatz untersagt, die Zuseher verliefen sich, vielleicht auch hatte er sich finanziell mit seinen Aufführungen überhoben. Oder hatten die Behörden dem zweifelhaften Treiben dort nicht länger zusehen wollen? Jedenfalls erhielt Jakobelli keine weitere Bewilligung für Tierhatzen in Graz. 1786 schloss Kaiser Joseph II.

ein doppeltes grosses Spektakel
ohne Erhöhung der Preiße
zu geben.

„Hetzzettel" vom 1. September 1796

endgültig die Pforten der Schießstätte, da sie zum „Ort zweifelhaften Vergnügens" mit Tanzsaal, Billardstube, Kegelbahn und Tierhetzen herabgesunken war.

Als ab 1786 die Jakominivorstadt errichtet wurde, baute man die „Neue Brücke" als Vorläuferin der Radetzkybrücke. Der war aber die Schießstätte samt Hetzplatz im Weg, denn genau hier sollte die Verbindungsstraße zum Griesplatz entstehen, die sinnigerweise Brückenkopfgasse genannt wurde. Also wurde 1795 auf dem Kastellfeld Nr. 246 eine neue bürgerliche Schießstätte errichtet – dort, wo heute das Gebäude der alten Ortweinschule steht. Womit auch die Herkunft des Namens „Schießstattgasse" geklärt ist. Hier gab es jedoch keinen Hetzplatz mehr. 1873 musste die Stätte schließlich stillgelegt werden, da rundherum alles zu Wohnzwecken verbaut wurde.

Englische Tierhetze in den 1820er-Jahren: Kampfhund auf Rattenhatz

Der Sessellift auf den Plabutsch

Von 1954 bis 1971 führte ein Sessellift von Gösting auf den Plabutsch, der mehr als 1,1 Millionen Gäste beförderte. Doch am 2. April 1956 kam es zur Katastrophe am Lift, es gab einen Toten und mehrere Verletzte.

Haben Sie gewusst, dass einst ein Sessellift auf den Plabutsch führte? Am 1. Mai 1954 wurde die privat betriebene Einer-Sessellift-Anlage um 10 Uhr eröffnet und bereits am ersten Wochenende konnten mehr als 2000 Fahrgäste befördert werden. Durch diese Anlage wurde der Plabutsch so richtig zum Hausberg der Grazer. Die Talstation befand sich am Ende des Marktannerwegs, der nahe der St.-Anna-Kirche von der Göstinger Straße bergwärts abzweigt. Diese Kirche ist übrigens auch ein Unikum, wurde für sie doch in den ersten Jahren nach dem Zweiten Weltkrieg das ehemalige Brau-

Die Talstation des Sessellifts auf den Plabutsch in den 50er-Jahren

Die Bergstation mit Aussichtsplattform auf dem Plabutsch

haus Gösting umgebaut. Doch zurück zur Talstation. Diese konnte damals noch bequem mit der Straßenbahnlinie 3 erreicht werden. Damit war man in weniger als 40 Minuten mit Tramway und Sessellift vom Jakominiplatz aus auf dem Gipfel des Plabutsch, dem Fürstenstand auf 763 Meter Seehöhe.

Der Sessellift verfügte über 86 Einzelsessel und fuhr in sechs Minuten die 825 Meter bergauf. Die Grazer waren begeistert – bis zum Ostermontag, dem 2. April 1956. Bis zu diesem Zeitpunkt waren bereits mehr als 200.000 Fahrgäste befördert worden. An diesem Ostermontag gegen 17 Uhr wollte eine ältere Dame in der Bergstation zusteigen. Dazu wurde die erste Bremse betätigt, doch der Lift blieb nur ganz kurz stehen, setzte sich dann gleich wieder in Bewegung und beschleunigte innerhalb weniger Sekunden auf das Fünffache seiner Normalgeschwindigkeit. „In den Sekunden des Unglücks kamen die Sessel in rasender Geschwindigkeit in das Talstation-Häuschen, drehten die Kurve und wurden –

also schon wieder bei Beginn der Bergfahrt – durch die gewaltige Zentrifugalkraft nach außen geschleudert", berichtete die *Kleine Zeitung* vom 4. April 1956. Dabei wurden zwei Insassen des Sessellifts gegen die Säulen der heute völlig verkommenen Talstation geschleudert und schwer verletzt. Zwei weitere Passagiere konnten kurz vor der Talstation aus geringer Höhe abspringen und wurden nur leicht verletzt. Mehrere Fahrgäste wurden jedoch nach dem unverletzt überstandenen Absprung von den rasend schnell nachkommenden Sitzen getroffen und verletzt.

Inzwischen war der neue Betriebsleiter, der erst drei Tage zuvor die Liftanlage übernommen hatte, von der Einstiegstelle in die Bergstation geeilt und zog händisch die zweite Bremse. Dabei bemerkte er, dass diese in keinem

Plötzlich lief das Seil mit rasender Geschwindigkeit

Sesselliftkatastrophe auf dem Grazer Plabutsch

Todessturz aus zehn Meter Höhe – Zehn Schwerverletzte

Tausende vor dem Heiligen Vater

Vatikanstadt, 3. April (Reuter). In seiner Osteransprache, die er vom Balkon des Sankt-Peter-Domes hielt, rief der Heilige Vater die Staatsmänner der Welt auf, „der bruder- und selbstmörderischen Tollheit eines Atomwettrüstens, das nur in den Abgrund führen kann, ein Ende zu setzen und die Atomwaffen zu ... oder zu verbieten". ... Auf dem Petersplatz hatten sich 200.000 Menschen eingefunden.

Führerscheinskandal in Kapfenberg

Bereits vor dem Justizministerium – Wurde die Polizei getäuscht?

Die Untersuchungen im Kapfenberger Führerscheinskandal haben auch im Justizministerium ein lebhaftes Echo ausgelöst. Gegenwärtig wird erhoben, wie es möglich war, daß ohne Ablegung einer Prüfung über die Straßenverkehrsbestimmungen die „schwarzen Führerscheine" Unterschrift und Stempel eines Verkehrsprüfers tragen konnten. Die positiven Prüfungsergebnisse für den technischen Teil und die Probefahrt sollen durch die Vermittlung eines Kapfenberger Konditormeisters von einem Prüfer der Landesregierung „auf kurzem Wege" bestätigt worden sein.

Lügnerische 13jährige als üble Verleumderin

Zwei Polizeibeamte fälschlich beschuldigt – Angaben stimmten nicht

In Leoben gab ein dreizehnjähriges Mädchen vor einem Untersuchungsrichter an, sie sei von zwei Beamten der Polizei mißbraucht worden. Im Verlauf der Einvernahme behauptete sie ferner, daß sie noch mit einer Anzahl weiterer Männer Umgang gepflogen habe, wobei sie „genaue" Angaben über Ort und Zeit machte. Die Aussagen des Mädchens wurden sofort eingehend überprüft, wobei sich die völlige Haltlosigkeit der Beschuldigungen ergab. Das Kind wurde in eine Erziehungsanstalt eingewiesen.

Seelische Enteignung

Das Sowjetreich wird in seinen tiefsten Beweggründen der abendländischen Welt noch lange ein Rätsel sein. ... ist es auch gewiß, daß alle Erklärungen für die plötzliche Entthronung und Entgötterung Stalins niemals ganz ins Schwarze treffen können. Für westliches Denken ist die plötzliche moralische Entwertung und ideelle Vernichtung eines Staatsführers, der zu seinen Lebzeiten und noch nach seinem ... Ideal und Maßstab für alle Lebensbereiche der Sowjetvölker darstellte, der ein wesentliches Stück politischer und geistiger Tradition geworden war, eine so ungeheuerliche, außerhalb aller Faßbarkeit liegende Tat, daß sie neben Abscheu und Entsetzen gleichwohl eine faszinierende Wirkung ausübt.

Die westliche Welt, die trotz aller Schläge, die sie von der russisch-asiatischen Welt bereits erfahren hat, noch immer zur Selbstüberschätzung neigt, legt den nun schlagartig aufgekommenen Anti-Stalinismus als ein Mittel des Kremls aus, um sich von Vergangenem zu entschulden und einen ganz neuen, guten Anfang im Zusammenleben mit der westlichen Welt zu machen. An dieser Absicht mag vieles stimmen. Man geht aber sicherlich nicht fehl, wenn man der brutalen Entthronung Stalins auch innenpolitische Absichten zuschreibt.

Stalin war, wie gesagt, nicht zuletzt durch eine umfassende Propaganda zu

(Fortsetzung auf Seite 2)

Professor Burghard Breitners letzter Weg

Abordnungen aus allen Bundesländern werden Professor Breitner das letzte Geleit geben.

Kritik am Montag-Morgen

Was uns gefällt:

Daß sich das seinerzeitige Gerücht von Tiermißhandlungen im Jagdrevier Ehrenhausen als unrichtig herausgestellt hat. ...

Was uns gefallen würde:

Was uns nicht gefällt:

Schlagzeile im „Blauen Montag"

funktionstüchtigen Zustand war, da eine Kette nicht eingehängt war. Als er dies korrigierte, blieb die gesamte Anlage abrupt stehen – und es kam zur Katastrophe. Da der Lift um 17 Uhr nur einseitig talwärts belastet war, klinkte sich das Trageseil talwärts aus der Stütze 9 nahe der Bergstation aus. Durch das plötzliche und heftige Auf- und Abschaukeln wurde ein 59-jähriger Mann, der Bahnhofsvorstand des Grazer Hauptbahnhofs, aus seinem Sessel geschleudert, stürzte fünf bis zehn Meter in die Tiefe und landete kopfüber auf dem nackten Felsboden. Der Grazer starb unmittelbar nach seiner Einlieferung ins Krankenhaus.

Bei den späteren Untersuchungen stellte sich heraus, dass sich die Sicherheitseinrichtungen an den Sesseln bei ruckartigen Bewegungen von selbst öffnen können. Als Ursache des Unglücks wurden grobe Wartungsfehler bei der Liftanlage festgestellt – die erste Bremse hätte nachgestellt werden müssen, die zweite Bremse war falsch geschmiert worden und der Gschwindigkeitsmesser war fehlerhaft. Und

Die Talstation innen: Hier machte der Lift seine Wende

zu allem Überdruss waren bei der ursprünglichen Kommissionierung der Anlage keine Bremsproben bei einseitiger Belastung durchgeführt worden. Es war der schwarze Montag des Plabutscher Sessellifts.

Nach dem Unfall wurde die Anlage technisch überholt und beförderte bis zu ihrer Stilllegung im Dezember 1971 mehr als 1,1 Millionen Gäste, hat der Grazer Hobbyhistoriker Steve Stipsits in jahrelanger akribischer Archivarbeit herausgefunden. Immer wieder wurde dann die Liftanlage bis 1980 kurzzeitig für Lastentransporte in Betrieb genommen. Ende der 1980er-Jahre wurde die Anlage Schritt für Schritt abgebaut, zuerst die Liftstützen, 1992 die Bergstation. Die Talstation existiert heute noch wie ein verfallendes „Märchenschloss" – von Pflanzen überwuchert, versaut und der freien Witterung ausgesetzt. Dafür ist der heutige Zustand aber erstaunlich gut. „Die Aussicht auf die Stadt während der Liftfahrt vom Plabutsch herunter war einzigartig", schwärmten viele Fahrgäste. Doch die Sicherheitsvorkehrungen in den frühen 50er-Jahren waren äußerst oberflächlich, wie das Foto auf der offiziellen Ansichtskarte demonstriert – eine Frau hat während der Talfahrt ein Kind auf dem Schoß sitzen, eine andere Frau fährt bergwärts und hat die filigrane Sicherheitskette nicht einmal geschlossen.

So schwebte einst der Sessellift von Gösting auf den Plabutsch – mit herrlichem Blick auf Graz

Kein Segen für diesen Friedhof

Gegen den Willen der katholischen Kirche und der einfachen Bürger wurde Ende des 19. Jahrhunderts außerhalb der Stadt ein neuer, hygienischer Friedhof errichtet – als Demonstration städtischer Selbstständigkeit im Kulturkampf.

Als die Grazer Stadtpolitiker 1869 die alte Idee eines Kommunalfriedhofs am Rande der Stadt wieder aufgriffen, stießen sie auf größten Widerstand. Denn im Gegenzug wollten sie die alten, traditionellen Friedhöfe von Graz in St. Leonhard, St. Peter und am Steinfeld schließen. Mehr hatte es nicht gebraucht. Zwischen Gegnern und Befürwortern flogen die Fetzen. Mangelnde Hygiene und die Gefahr durch Leichengift waren zwar starke Argumente, aber die einfache Bevölkerung war entsetzt von der Idee einer Bestattung außerhalb der Stadt – das hatte doch immer nur für Aussätzige, Verbrecher, Selbstmörder gegolten und für die Vertreter unehrenhafter Berufe wie Henker und Wasenmeister. Und jetzt sollten alle dort bestattet werden? Dabei stand lange Zeit nicht einmal fest, auf welchem Areal dieser neue Friedhof überhaupt errichtet werden sollte. Keiner wollte ihn in seiner Nähe haben, zu groß war die Angst der Bevölkerung um das Brunnenwasser. Sicherheitshalber stellte die katholische Kirche auch gleich einmal klar, am künftigen Kommunalfriedhof keine Einsegnungen vornehmen zu wollen.

Die Demonstration städtischer Selbstständigkeit war nun Teil des Kulturkampfes geworden, der in der zweiten Hälfte des 19. Jahrhunderts zwischen deutschliberalem

Das damals neue „Centralfriedhofs-Portal" schmückt 1904 sogar eine Korrespondenzkarte

Bürgertum und katholischer Kirche in Graz tobte. Im Gegenzug verfügte die Stadt zwingend, dass Aufbahrungen nur noch auf dem neuen Zentralfriedhof erlaubt waren. Ein langer Gerichtsstreit folgte, der schließlich zugunsten der Pfarrhöfe entschieden wurde. Wegen der großen finanziellen Probleme der Stadt sah sich die Gemeinde 1894 aber gezwungen, den neuen Friedhof um 300.000 Gulden zu verkaufen – und wegen der noch immer drohenden Schließung der alten Stadtfriedhöfe kaufte die Stadtpfarre zum Heiligen Blut den ungeliebten Zentralfriedhof. Da Graz nun aber fürchtete, dass das liberale Grundkonzept eines interkonfessionellen Friedhofes verloren gehen könnte, musste sich die Pfarre verpflichten, hier auch Andersgläubige – wenn auch an gesonderten Orten – zu bestatten. Und so erhielt Graz ein historisches Unikum – einen interkonfessionellen Kommunalfriedhof, der im Eigentum der katholischen Stadtpfarre ist.

Eine Tuschzeichnung von 1889 zeigt die geplante Friedhofsanlage im Süden von Graz

Nach 15 Jahren Streit fand am 1. Februar 1896 schließlich doch das erste Begräbnis auf dem Zentralfriedhof statt. Dabei handelte es sich um den 29-jährigen Metalldreher Rudolf Wlasak, der während der Bauarbeiten an der Friedhofskirche zu Tode gestürzt war.

Architekt Carl Lauzil plante und baute den Friedhof

Der Zentralfriedhof wurde von dem aus Wien stammenden Architekten Carl Lauzil, der seit 1879 Direktor der k. k. Staatsgewerbeschule in Graz war, entworfen und ab 1886 im neugotischen Backsteinstil nach italienischem Vorbild als Camposanto gebaut. Die Lauzilgasse nahe dem Friedhof wurde 1949 übrigens nach ihm benannt. Das Friedhofsareal umfasst eine Fläche von 25 Hektar mit einem Wegenetz von mehr als 6,5 Kilometer Länge – und war viel zu groß dimensioniert. Denn die anderen Stadtfriedhöfe wurden ja in Folge der Proteste nie aufgelassen, die Stadt hatte sich in dieser Angelegenheit nicht durchsetzen können. Auch die bekannten Bürgerfamilien hatten anfangs für ein, zwei Generationen ihre Angehörigen auf dem neuen Zentralfriedhof bestatten lassen, waren dann aber bald wieder auf ihre angestammten Friedhöfe zurückgekehrt. Für 1000 Bestattungen pro Jahr war der Zentralfriedhof ausgelegt, im Moment sollen es an die

300 sein. Also sucht die Stadtpfarre bereits andere Nutzungsmöglichkeiten für die zahlreichen Gebäude auf dem großen Areal. Seit Kurzem befindet sich in einem Gebäude links vom Haupteingang ein städtischer Kindergarten – sehr zur Freude der Kindergartentanten, denn die Kleinen können hier sorglos im Grünen spielen, kein Straßenverkehr bedroht sie.

„Der Zentralfriedhof zeigt die Vielfalt und den Variantenreichtum von Bestattungsmöglichkeiten", erklärt Karin Derler vom Bundesdenkmalamt. Sie ist Spezialistin für den Zentralfriedhof. Gemeinsam mit Ingrid Urbanek hat sie 2002 das vergriffene Buch „Planung für die Ewigkeit. Der Grazer Zentralfriedhof" geschrieben und macht jedes Jahr die beliebten Führungen über den Friedhof. „Dabei geht man nicht nur über einen Friedhof, sondern durch die Grazer Stadtgeschichte." Da tauchen bekannte Geschäftsnamen wie Sewera, Scheiner, Mayer-Rieckh oder Hornig auf – und alte Erinnerungen werden wach. Auch die Ehrengräber von Jochen Rindt, Johann Puch und Nobelpreisträger Fritz Pregl finden sich hier. „Das ist wie eine Stadtführung, bei der die Besucher ganz nah dabei sind, dabei spielt auch der Seitenblicke-Effekt eine große Rolle."

Neben dem katholischen Teil des Friedhofes findet man einen altkatholischen und einen ukrainischen Teil. Seit 1995 gibt es auch ein islamisches Gräberfeld, das kürzlich erst erweitert wurde. Als neueste Bestattungsform gibt es auf dem altkatholischen Friedhofsteil auch eine Himmelsspirale, in der Urnenbeisetzungen im Kreislauf der Natur möglich sind. Erstmals in Österreich kann man hier von zu Hause aus via Internet im Gedenken an die Toten virtuelle Kerzen anzünden. Seit Mai 2009 gibt es in den Gruftarkaden als katholische Antwort auf diese Neuerung ein „Columbarium", eine schön gestaltete Urnenwand mit bunten Glasmodulen. Wenn Sie wieder einmal über den Friedhof gehen, schauen Sie sich um, es gibt viel zu sehen.

Das letzte Kapitel des Holocaust

Das „Lager V" am Grünanger in Liebenau war 1945 eine Zwischenstation der ungarischen Juden auf ihren grausamen Todesmärschen ins KZ.

Jahrzehntelang war die Erinnerung an das „Lager V" in Liebenau vergessen und verdrängt. Obwohl 1947 die Grazer Zeitungen groß über den „Liebenauer Prozess" berichteten, der mit zwei Todesurteilen für Nazikriegsverbrecher geendet hatte. Jetzt bringt ein neues Buch endlich Licht ins Dunkel.

„Es war eigentlich ein Bericht von Julia Schafferhofer in der *Kleinen Zeitung* im September 2011, der den Stein ins Rollen gebracht hat, damit eine Studie in Auftrag gegeben wurde", betonte Barbara Stelzl-Marx, Autorin des Buches „Das Lager Graz-Liebenau in der NS-Zeit" bei der Präsentation auf der Grazer Universität.

Anlass für den Bericht unserer Kollegin war eine Veranstaltung von Murkraftwerksgegnern gewesen, die über die gesundheitlichen Belastungen durch Murkraftwerk und Staudamm referieren wollten. Dabei fielen die Stichworte „Liebenauer Prozess", Gefangenenlager, Todesmärsche und Exhumierungen. Und der Arzt Gustav Mittelbach kritisierte damals: „Das ist ein unaufgearbeitetes Kapitel der Grazer Geschichte – und genau dort soll gegraben werden?"

Für Energie Steiermark und Stadt Graz war es eine Selbstverständlichkeit, „dass die Frage aufgearbeitet werden muss, ob es hier noch Gräber gibt", so Energie-Sprecher Urs Harnik. Also finanzierte man eine Studie, die Barbara Stelzl-Marx vom Institut für Kriegsfolgenforschung, die bereits 1999 über das Lager geschrieben hatte, unter Zeitdruck durchführte und nun als Buch veröffentlichte. Es ist das letzte Kapitel des Holocaust, das (auch) hier mitten in Graz blutig geschrieben wurde.

Das „Lager V" war 1940 für umgesiedelte Volksdeutsche gebaut worden und diente im Laufe des Zweiten Weltkriegs als Unterkunft für Kriegsgefangene und Zwangsarbeiter. „Ab Februar 1941 konnten in den 190 Holzbaracken des in der Ulrich-Lichtenstein-Gasse, südlich der Kirchner-Kaserne zwischen Kasernstraße und linkem Murufer, gelegenen Lagers rund 5000 Personen untergebracht werden", lokalisiert Stelzl-Marx den Standort exakt.

„Bibelforscher" unter Mordanklage

Heute voraussichtlich Urteil im Liebenau-Prozeß – Bewegte Szenen im Gerichtssaal

Frühwirt

Thorbauer

Pichler

Der Liebenauer-Prozeß

Lange vor Beginn des vierten Verhandlungstages im Liebenauer Mordprozeß war der große Schwurgerichtssaal überfüllt. Viele Zuhörer konnten nicht mehr eingelassen werden.

Das Verhör des Angeklagten Frühwirt wurde fortgesetzt. Er belastete wieder den Zeugen Wolfgruber schwer. „Ich habe ‚nur' vier Juden erschossen" sagte der Angeklagte, „aber Sie, Herr Wolfgruber", dabei zeigte Frühwirt auf den Zeugen, „möchte ich fragen, was mit dem Bündel geschah, das Sie einem Juden wegnahmen?" Anschließend schilderte Frühwirt, daß ihm angeblich der jüdische Arzt des Lagers, Dozent Dr. Rubany, nach dem Zusammenbruch des Hitlerregimes für sein „verständnisvolles Entgegenkommen" gegenüber den Juden dankte. Als der Verteidiger des Thorbauer, Dr. Spranger, Frühwirt fragte, ob er außer den bisher bekannten Erschießungen von weiteren wisse, erklärte der Angeklagte, daß auch Thorbauer sowie Leute des SD, der Gestapo, ein gewisser Holt junior, sowie die im Lager befindlichen ungarischen Pfeilkreuzler Juden erschossen hätten.

Die drei Angeklagten des Liebenauer Prozesses. Bild oben: Alois Frühwirt, unten: links Josef Thorbauer; rechts Nikolaus Pichler

Thorbauers Verteidiger stellte den Antrag, seinen Klienten auf seinen Geisteszustand zu untersuchen. Thorbauer leide seit seiner Geburt an einer luetischen Erkrankung und sei im Jahre 1918 im Irrenhaus gewesen. Während der Einvernahme des Angeklagten Thorbauer stellte sich jedoch heraus, daß er sich einerseits zu verstellen versuchte, andererseits aber auf keine Falle des Staatsanwaltes hineinfiel, vollkommen zurechnungsfähig und für die von ihm begangenen Taten voll zur Verantwortung zu ziehen ist. Auf alle Beschuldigungen durch Zeugen antwortete Thorbauer: „Das ist eine Lüge ‚oder' Meineid."

Der ehemalige Werkschutzmann Johann Lorber, dem 20 Mann unterstanden und der Vorgesetzter des Angeklagten Thorbauer war, behauptet, daß eine Verordnung bestanden habe, wonach Waffengebrauch nur über Auftrag höherer Dienststellen gemacht werden durfte.

Anschließend hielt der Anklagevertreter, Mr. Rawlins sein Plädoyer, in dem er ausführte, daß die Beweise gegen die Angeklagten vollständig ausreichten, um einen Schuldspruch im Sinne der Anklage zu fällen. Der Angeklagte Pichler habe die Ausgabe von Mordbefehlen zugegeben. Aus den nicht angefochtenen Aussagen der Zeugen Fugger und Birnstingl könne man sich ein Bild von den Zuständen im Lager Liebenau machen. Der Angeklagte Thorbauer sei von drei Zeugen als äußerst brutaler Mensch geschildert worden und habe sich gegenüber mehreren Personen seiner Morde an Juden gebrüstet. Auch der Zeuge Kerscha bezichtigte Thorbauer des Mordes an einem Juden. „Frühwirt", so fuhr Mr. Rawlins fort „gab einen Mord zu. Die Ausrede auf Furcht vor den Vorgesetzten kann nicht gelten. Es war ein beabsichtigter Mord."

Der Verteidiger des Pichler, Dr. Aichholzer, kam auf die damaligen Umstände zu sprechen und bat, von der Verhängung der höchsten Strafe über Pichler abzusehen. Dr. Knaffl plädierte gleichfalls für die Anwendung aller Milderungsgründe bei Frühwirt. Der Anwalt des Angeklagten Thorbauer, Dr. Spranger, verlangte einen Freispruch, da seinem Klienten ein Mord einwandfrei nicht nachgewiesen werden könnte. Außerdem sei Thorbauer nicht zurechnungsfähig. Die Verhandlung wurde auf heute 10 Uhr vertagt.

Oberes Bild: So schrieb die „Neue Zeit" am 12.9.1947 über den Prozess ...
Unteres Bild: ... so „Die Wahrheit" – im Bild die Hauptangeklagten

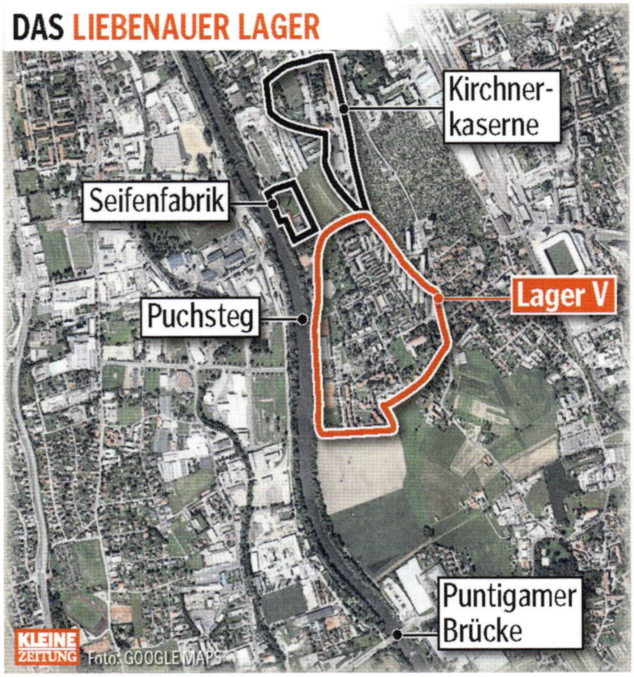

Ein Blick auf das Areal des „Lagers V"

Der berüchtigte Todesmarsch ungarischer Juden durch Hieflau, unter Lebensgefahr geheim fotografiert

Am rechten Murufer befanden sich der wichtige Rüstungsbetrieb der Steyr-Daimler-Puch-Werke und das „Lager IV" (das bei einem Luftangriff am 2. April 1945 zerstört wurde). Ein Vorläufer des heutigen Puchstegs verband das Werk mit dem Lager Liebenau, damit die Zwangsarbeiter zur Arbeit gehen konnten.

In den letzten Kriegsmonaten 1945 wurden rund 60.000 ungarische Juden, die beim Bau des Südostwalls zum Schutz gegen die vorrückende Rote Armee als Zwangsarbeiter eingesetzt waren, quer durch die damalige Ostmark zu Fuß ins KZ Mauthausen getrieben, damit sie nicht von den Russen befreit werden konnten. Tausende kamen dabei ums Leben – aus Erschöpfung oder bei Massakern in Rechnitz (siehe das gleichnamige Theaterstück von Elfriede Jelinek) oder am Präbichl bei Eisenerz. Im April 1945 machten etwa 5000 ungarische Juden im Lager Liebenau Zwischenstation. „Viele von ihnen waren durch den Arbeitseinsatz und den Todesmarsch stark geschwächt, ausgehungert und krank. Sie mussten im Freien übernachten, obwohl es sehr kalt war", so die Autorin. Die Verpflegung war katastrophal, Krankheiten wurden nicht behandelt. Mehr als 100 marschunfähige Juden wurden in der SS-Kaserne Wetzelsdorf erschossen, mindestens 35 im Lager Liebenau, zeigen britische Untersuchungen 1947.

Im „Liebenauer Prozess" vom 8. bis 12. September 1947 sagte ein ehemaliger Krankenwärter des Lagers aus, dass ihm ausdrücklich verboten worden war, Juden zu helfen. „Für diese Schweine haben wir keine Medikamente", habe Lagerleiter Nikolaus Pichler gesagt und ihm befohlen, den Kranken Todesspritzen zu verabreichen. Als der Krankenwärter dies verweigerte, wurden „46 Kranke auf Pichlers Befehl in Decken gewickelt fortgetragen und kurz darauf hörte der Zeuge zahlreiche Schüsse fallen". Pichler und sein Lagerführer Alois Frühwirt wurden zum Tode verurteilt und am 15. Oktober 1947 gehenkt.

In der Folge wuchs Gras über die Geschichte. Heute ist das Areal, das in der Nachkriegszeit unter dem Namen „Am Grünanger" als Flüchtlingslager diente, verbaut. Dabei folgen Straßen und Häuserreihen der ursprünglichen Anlage des „Lagers V" – das heute nicht mehr vergessen ist.

Der Liebenauer Prozess vor dem Oberen Britischen Militärgericht

Quellenverzeichnis

Aigner, Reinhold: Kleine Erinnerung an die erste Grazer Ärztin Dr. Oktavia Aigner-Rollett (MStLA 47/1997)

Aigner, Reinhold: Dr. Oktavia Aigner-Rollett, die erste Ärztin in Graz (Historisches Jahrbuch der Stadt Graz 1, 1969)

Bachhiesl, Christian/Gartler, Ingeborg/Nessmann, Andrea/Tremer, Jürgen: Räuber, Mörder, Sittenstrolche. 37 Fälle aus dem Kriminalmuseum der Karl-Franzens-Universität Graz (Leykam 2008)

Baravalle, Robert: 100 Jahre Grazer Schauspielhaus (1925)

Baravalle, Robert: Franz Brockmanns Jugend (M&K 1, 1955)

Brunner, Walter (Hg.): Geschichte der Stadt Graz in 4 Bänden (Eigenverlag der Stadt Graz 2003)

Derler, Karin/Urbanek, Ingrid: Planung für die Ewigkeit. Der Grazer Zentralfriedhof (Steirische Verlagsgesellschaft 2002)

Die Wahrheit, 12. September 1947

Engele, Robert: Damals in Graz. (Überarbeitete Neuauflage, Styria 2011)

Engele Robert/Penz, Christian: Kramasuri. Das noch umfassendere Handbuch des Steirerwissens (Edition Kleine Zeitung 2012)

Fink, Iris: Made in Styria. Kabarett in und aus Graz. In: Historisches Jahrbuch der Stadt Graz, Bd 42

Gebler, Wilhelm von: Geschichte des Herzogthums Steiermark (August Hesse's Buchhandlung 1862)

Hammer-Luza, Elke/Schöggl-Ernst, Elisabeth: Graz im Bild. Ansichten und Einsichten. Veröffentlichungen des Steiermärkischen Landesarchivs Bd 31 (2003)

Hartmann, Gerhard/Schnith, Karl (Hg.): Die Kaiser. 1200 Jahre europäische Geschichte (Marix Verlag 2006)

Jaritz, Arnold: Freizeitverhalten in Graz im 18. Jahrhundert (Historisches Jahrbuch der Stadt Graz, Bd 41)

Kleine Zeitung, 4. Mai 1912

Kleine Zeitung, 5. Mai 1912

Kleine Zeitung, 4. April 1956

Kubinzky, Karl A./Wentner, Astrid M.: Grazer Straßennamen. Herkunft und Bedeutung (Überarbeitete Neuauflage, Leykam 2009)

Kuchling, Mirella: Literarische Spaziergänge durch Graz. Eine Spurensuche (Steirische Verlagsgesellschaft 2004)
Neue Zeit, 12. September 1947
Ortner, H.: Die Schwemmkanalisation der Stadt Graz (o. J.)
Pohl, Walter: Die Welt der Babenberger (Styria 1995)
Popelka, Fritz: Geschichte der Stadt Graz, 2 Bände (1934)
Reifenscheid, Richard: Die Habsburger in Lebensbildern. Von Rudolf I. bis Karl I. (Styria 1982)
Rosegger, Peter: Mein Weltleben. Autobiographie (Neuauflage Staackmann 2002)
Riegler, Josef (Hg.): Die neue Steiermark. Unser Weg 1945–2005 (Veröffentlichungen des Steiermärkischen Landesarchivs 2005)
Stelzl-Marx, Barbara: Das Lager Graz-Liebenau in der NS-Zeit. Zwangsarbeiter – Todesmärsche – Nachkriegsjustiz (Veröffentlichungen des Ludwig-Boltzmann-Institutes für Kriegsfolgenforschung, hg. von Stefan Karner, Bd 20, Leykam 2012)
Stradner, Reinhard: Truppendienst 6/2003
Strahalm/Laukhard: Graz. Eine Stadt-Geschichte (Edition Strahalm 2008)
Wagner, Renate: Nestroy zum Nachschlagen. Sein Leben – Sein Werk – Seine Zeit (Styria 2001)
Wehap, Wolfgang: Argus Steiermark. Die Radlobby (Internet-Ausgabe)
Zitzenbacher, Walter (Hg.): Landeschronik Steiermark (Christian Brandstätter 1998)

Bildnachweis

Bildarchiv Kleine Zeitung: 7, 9, 10, 11, 12, 15, 17, 19, 20, 22 (Amsüss), 23 (Sommer), 28, 31, 36, 38, 41, 42, 58 (Bauer), 61, 71, 72, 73, 75, 76, 77, 78, 80, 81, 83, 85, 87, 95, 96, 98, 100, 107, 118, 119, 120 (Fuchs), 121, 131 (Behounek), 145, 151, 158, 159.

Derler/Sammlung Kubinzky: 155.

KK: 21, 37, 39, 45, 48, 51, 52, 55, 62, 63, 64, 66, 67, 68, 88, 89, 101, 102, 103, 104, 110, 111, 122, 124, 125, 127, 132, 135, 139, 141, 142, 143, 146, 148, 156, 160.

Kriminalmuseum der Karl-Franzens-Universität Graz: 32, 33.

ÖKA: 132.

Sammlung Engele: 8, 29, 30, 34, 46, 54, 74, 99, 105, 113, 114, 128, 143, 144, 152.

Sammlung Kubanek: 59, 60.

Sammlung Tramwaymuseum Graz: 149, 150, 153.

Sammlung Wehap: 24.

Sammlung Weiß: 90, 91, 92, 93, 94.

Sammlung Weikhard: 115, 116, 117.

UMJ: 52, 136, 161.